楽しんで、
ナチュラル染色

松本道子

文化出版局

contents

子どもも楽しい植物染め

私たちは好みの色を自由にチョイスする自由を、
今やあたりまえに享受しています。
買ったときとあまり色が変わってしまうと、
その商品はクレームの対象になってたいへんでしょう。
しかし昔は、色が変わることがあたりまえでした。
考えてみると、何も変わらない、ずっと変わらない、
これはおかしなことです。世の中も時代も変わり、
自分も変化し続けているのに。
天然染料で染めた色はややもすると移ろいやすいのですが、
長く植物で染色をしているうち、
移ろう色を眺めるのも風情の一つと思うようになりました。
そんなとき、「人間も自然の一部だ」と感じます。
この本で私は、できるだけ身近な天然染料を使い、
身近な材料でできる染色を提案しました。
針と糸を使わない絞りは、お子さんと一緒に
楽しむのにもいいでしょう。
自然の中で染料になる植物を探して抽出した色で、
ハンカチやシャツが思いがけない色に染まる楽しさ。
この楽しいひとときを、
多くの方に体験していただきたいと願います。

簡単板締めで
大作も楽々できる。

台所で見つけた染料

海に山に野に。いろいろなところに染料はありますが、
いちばん身近な場所は台所でしょう。
紅茶やお茶、コーヒーなどのだし殻、
賞味期限のきれた抹茶やココア。
クリの渋皮煮を作るときのゆでこぼし、タマネギの皮、
クリのいが、イカのすみも、クチナシやウコンも、海藻やきのこ、
ハーブやスパイスも染料になります。
ご自分の色を台所で探して、楽しんでください。

タマネギの皮を結び染めに（p.8）。
サインペンで結んだ人の名前を書いた、思い出のハンカチ。

黒豆のゆで汁で染めたカシミアのストール（p.12）。
赤みがかったやわらかい茶色が魅力。

タマネギの皮で染める

タマネギの皮は昔から有名な染料。
ミョウバン媒染で透明感のある
黄色を染めることができます。
5枚のハンカチを5人で結ぶ〝結び染め〟。
両隣の人と結んだ柄が、
卒業などのいい思い出に。

材 料
木綿のハンカチ12gを5枚（計60g）、
タマネギの皮 30g（被染物の50%）、
ミョウバン 6g（被染物の10%）

1

ハンカチの対角線をたぐり寄せる。

2

真ん中を各人が1枚ずつ結ぶ。

3

5枚を結び合わせる。
結び方がゆるいと柄がぼやけるが、
きつすぎてほどけなくなっても困るのでほどほどに。

4

ハンカチは水に浸し、軽く脱水しておく。

5

ミョウバンを少量の熱湯で溶かし、
2ℓ（被染物の約 30 倍）の水を加えて媒染液を作る。

6

脱水したハンカチを 5 に浸して 20 ～ 30 分媒染し、
のち水洗いする。

7

タマネギの皮は 2ℓ（被染物の約 30 倍）の水に
入れて火にかけ、沸騰後 20 ～ 30 分煮出し、
染液をこす。

8

染液を火にかけてハンカチを入れ、沸騰後弱火にして
30 ～ 60 分染める。子どもも参加している場合は、沸騰
直後の染液を火から下ろしてつける。やけどに気をつけて。
割り箸などを使って 5 人で撹拌しながら染めると楽しい。

9

水洗いして脱水。

10

結び目をほどいて再度水洗いし、脱水、乾燥させる。

11

完成。両端が 3 で結んでできた柄。

紅茶で染める

紅茶も古典的な台所染料。染め物に使う紅茶は古くなったものや安いもので充分です。
ほんのりピンクがかった茶色がすてき。

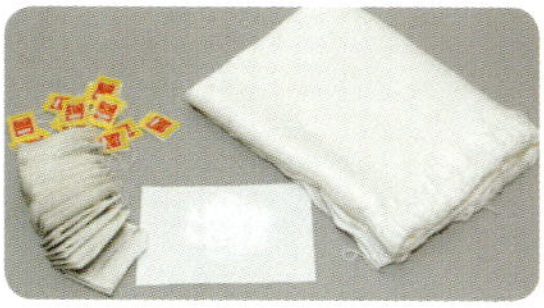

材　料
レーヨンのストール 200g、
紅茶のティーバッグ 2g を 30 袋
（計 60g。被染物の 30%）、
ミョウバン 20g（被染物の 10%）

右の２枚が紅茶染めのストール。

1

ストールは染める前に水に浸し、
軽く脱水しておく。

2

ミョウバンを少量の熱湯で溶かし、
4ℓ（被染物の20倍）の水を加えて媒染液を作る。

3

脱水したストールを 2 に浸して 20 ～ 30 分媒染し、
のち軽く水洗いして脱水。

4

ティーバッグを 4ℓ（被染物の 20 倍）の水に
入れて火にかけ、沸騰後 20 ～ 30 分煮出す。

5

ティーバッグを取り出す。

6

染液の中にストールを入れて火にかけ、
沸騰したら弱火にして 30 ～ 60 分加熱する。

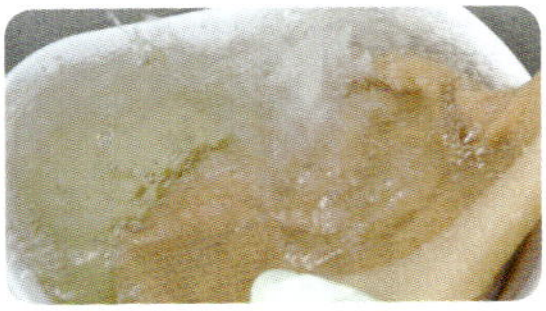

7

染液が冷めるまで、
ときどきストールを広げ直しながら染め、
のち水が透明になるまでゆすぐ。

8

脱水し、
乾燥させて完成。

黒豆のゆで汁で染める

黒豆のゆで汁でカシミアのストールを
きれいなモカ茶色に染めます。
豆はもちろん、後で食べましょう。

材 料
カシミアのストール 224g、
黒豆 1kg（被染物の約 500%）、
ミョウバン 16 ～ 18g
（被染物の 7 ～ 8%）、
食酢 50ml（染液の 1%）

MEMO

ウールはフェルト化に注意しよう！

温度が上がるときに布は
媒染剤や色素を吸収する。
浸したままにすることは色むらの原因だが、
木綿や絹と違い、
ウールはあまり動かしすぎるとフェルト化して
しまう。
また、気温の低い冬は液の中との温度差が
大きいため、フェルト化の原因になる。
温度差 5℃以内にとどめよう。
液中でできるだけ静かに揺り動かしながら冷ま
すことが大切。

1

6ℓ（被染物の約 30 倍）の水に
豆を入れ、一晩浸す。

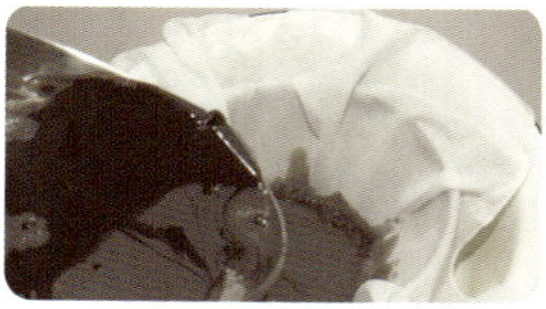

2

沸騰させて 20 ～ 30 分煮たのち、こす。
粘りがあるので、ざるにふきんを敷くといい。
（豆は新たに水を入れて煮て食べる）

3

ストールはぬるま湯に浸しておき、軽く脱水する。
染色材料店で入手したものでないなら、
p.91 の要領で精練する。

4

ボウルにミョウバンを入れ、
ぬるま湯を 5 ～ 6ℓ（被染物の約 25 倍）入れて
ミョウバンを溶かす。

5

ボウルを火にかけ、ストールを入れてゆっくり温度を上げ、
沸騰したら弱火にして 20 ～ 30 分、静かに広げながら媒染。
その後 30 ～ 40℃に冷めるまでときどき揺り動かしながら
媒染し、ぬるま湯で２～３回湯を替えてそっとゆすいで脱水。

6

２の染液 5ℓに食酢を入れる。

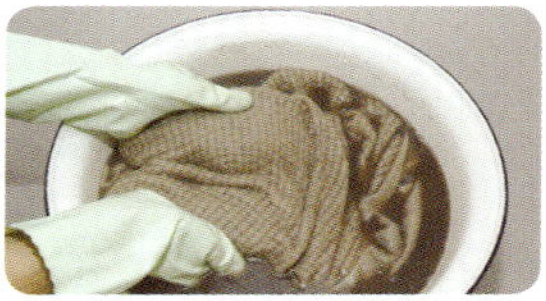

7

染液を火にかけてストールを入れ、
媒染のときと同じ要領でゆっくりと温度を上げ、
沸騰したら弱火にして 30 ～ 60 分染める。
ときどきゆり動かしながら、
30 ～ 40℃まで冷めたらぬるま湯でやさしく充分ゆすぐ。

8

完成。

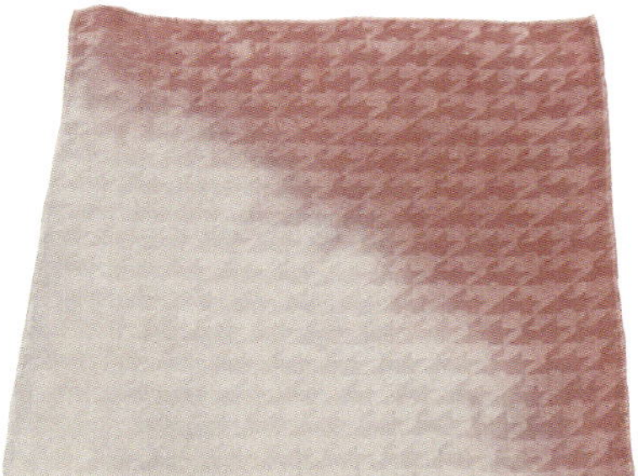

絹のポケットチーフを黒豆の
ミョウバン媒染で染めたもの。
右上の濃い部分は染液の 1 ～ 2%の食酢を加えた。
染液が酸性に傾くと色は赤くなり、濃く染まる。

身近な植物で染める

道端に普通にある草たちから
染料になるものを探してみましょう。
ヨモギやクズはよく知られている染料植物。
青ガキのしぼり汁やカワラマツバの根も
染料になることをご存じでしたか？

クリの鬼皮染め（p.34）で染めた麻ののれん。

マリーゴールド（キク科）
黄色い花で
きれいな黄色が染まる。
絞り染めをした
麻のナプキン（p.18）。

オリーブ（モクセイ科）
オリーブの葉と枝で
毛糸を染め（p.20）、
ニットクッションやセーターを作った。
どれもオリーブが出した色。

ヨモギの葉で染める

よもぎ餅にはかたくなりすぎたかな？
というころの、若いヨモギを摘んで染液を
煮出します。銅媒染で透明感のある緑色に。
銅の媒染剤は毒なので、
台所で染めないようにしましょう。

材 料
絹のスカーフ 20g、
ヨモギの葉 60g（被染物の 300%）、
酢酸銅 1g（被染物の 5%）、
大豆、輪ゴム

ヨモギ（キク科）

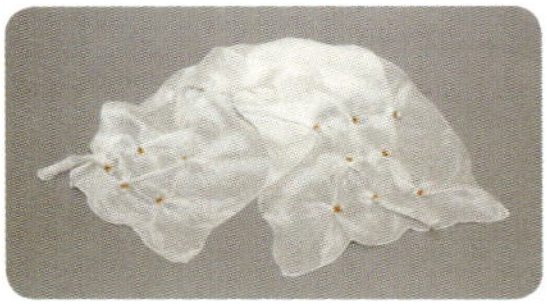

1

スカーフの好みの位置に
布の裏から豆を入れて、輪ゴムをかける。

2

ヨモギは 3ℓ（被染物の 150 倍）の
水または熱湯に入れて火にかけ、
沸騰後 20 ～ 30 分煮出してざるでこす。

3

水に浸して脱水したスカーフを入れて火にかけ、
30 ～ 60 分加熱。その間、布を動かしながら
まんべんなく染液を行き渡らせる。
その後ゆすいで脱水する。染液はとっておく。

4

酢酸銅を少量の熱湯で溶かし、
3ℓ（被染物の 150 倍）の水を加える。

5

4 にスカーフを入れ、よく混ぜながら
20 ～ 30 分浸して全体に浸透させる。

6

水でゆすいで脱水。

7

3でとっておいた染液に戻し、
5分加熱する。

8

軽くゆすいだのち、
輪ゴムをほどいて充分ゆすぎ、
乾燥させて完成。
緑色を出すには、熱湯から
煮出すほうがいいかもしれない。
もう少し研究の余地がありそうだ。

クズの葉で染める

クズの葉は7月から8月の、葉の緑が濃くなったころに集めます。ヨモギと同じように銅媒染で絹を緑色に染めました。

材　料
絹のスカーフ 25g、
クズの葉 125g（被染物の 500%）、
酢酸銅 1g（被染物の 4%）

クズ（マメ科）
道端や土手など、どこでも見つかる。
なるべく濃い色の葉を選ぼう。

MEMO
あくを取るために、
沸騰後5分でいったん液を捨て、
再び水または熱湯を加えて
煮出すと、色は若干薄くなるが、
澄んだ緑色になる。

クズの葉は刻み、1〜2回ゆでこぼしてあくを取り、
3.5ℓ（被染物の140倍）の水または熱湯に入れて火にかけ、
沸騰後20〜30分煮て色素を抽出する。少量のソーダ灰を
入れると早く色素を抽出できる。以後の染め方はヨモギを参考に。

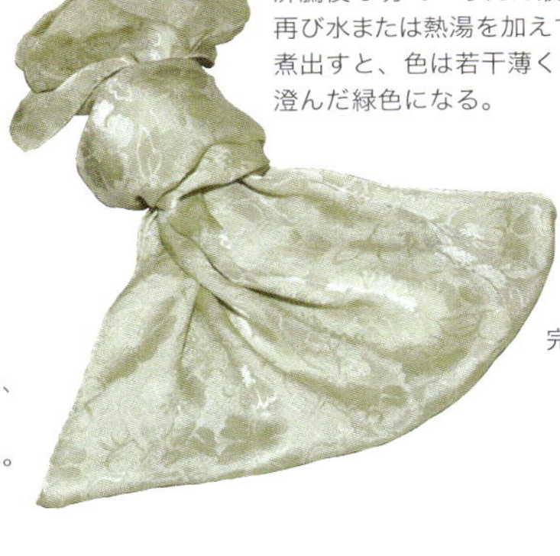

完成。

マリーゴールドの花で染める

マリーゴールドの花はすぐれた染料です。
ミョウバンと木酢酸鉄の２種の媒染剤で
違う色を出してみました。
木酢酸鉄も台所では扱わないこと。

材 料
麻のナプキン 40g を２枚（計 80g）、
マリーゴールドの花 400g
（被染物の 500%）、
ミョウバン 6g（被染物の７～８%）、
木酢酸鉄少量、木炭、針、糸

マリーゴールド（キク科）
染色には花を使う。

1
ナプキンは四つに折り、
上の２枚をさらに三角に折り返す。

2
裏返して、上になった２枚を三角に折る。

3
木炭で半円をかく（花びらの１枚になる）。
木綿糸２本どりで、８枚重ねて平縫いし、
カーブが直線になるまで、しっかり絞り、とめる。

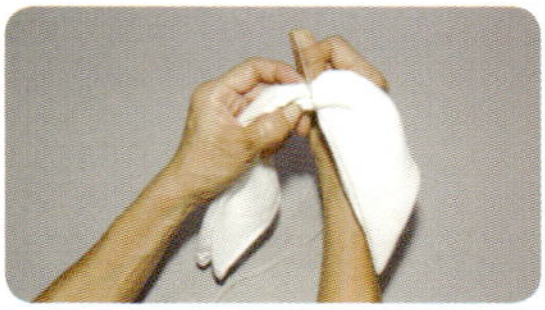

4
３の糸は切らずに、
縫った上を２～３回きつく巻く。

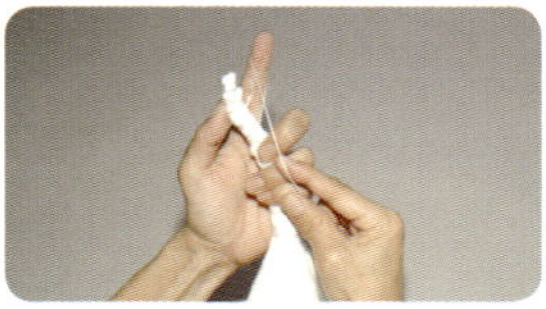

5
同じ糸で、粗い間隔できつく巻き上げて、
交差した糸を絞った頭にかける
「とっくり掛け」をする。

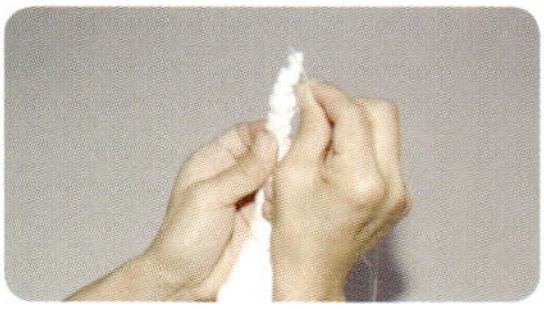

6
「とっくり掛け」を２～３回して、糸を切る。
染める前に水に浸し、脱水しておく。

7

ミョウバンは少量の熱湯で溶かし、
2ℓ（被染物の 25 倍）の水を加えて媒染液を作り、
6 のナプキンを入れて 20 ～ 30 分、
揺り動かしながら浸透させる。そののち水洗いする。

8

マリーゴールドは 2ℓ（被染物の 25 倍）の
水に入れて火にかけ、沸騰後 30 分ほど煮出す。

9

8 をこす。

10

9 の染液に 7 を脱水して入れ、火にかけて、
30 ～ 60 分加熱する。その間、布を液の中で
よく広げながら均一に染める。のち水洗いする。
染液はとっておく。

11

1 枚は充分水洗いして乾燥させる。もう 1 枚は脱水し、
ナプキンが充分つかる水に木酢酸鉄を 2、3 滴入れ、
その中で 20 ～ 30 分媒染し、のち水洗いして脱水する。

12

10 でとっておいた染液に、鉄媒染した 11 を入れて
火にかけ、20 ～ 30 分染める。その間、よく布を広げる。
充分ゆすいだのち乾燥させる。

13

完成。左がミョウバン媒染、
右がミョウバンと鉄媒染をしたもの。

MEMO
マリーゴールドの花を一度に採取できない
ときは、すぼみ始めた花を少しずつ
とっては、新聞紙の上に広げて乾燥させ、
缶などに保存してためる。

オリーブで染める

オリーブはたくさんの種類があり、
種類や採取時期、染料にする部位により、
異なった発色をします。
銅媒染でオリーブグリーンになるのは
ウールだけで、木綿や絹は黄色系になります。

材 料
ウール糸 250g、
オリーブの枝 1kg
（被染物の 400%）、
酢酸銅 10g
（被染物の 4%）

オリーブ（モクセイ科）
古くから実が利用されてきた
常緑高木。日本では岡山県や
香川県小豆島で栽培されている。

1

オリーブの枝は
葉ごと細かく刻む。

2

9ℓ（被染物の約 35 倍）の水に入れて火にかけ、
沸騰後 30 ～ 60 分加熱してざるでこし、
40℃くらいまで冷ます。

3

ウール糸はぬるま湯につけておき、軽く脱水する。
染色材料店で入手したウールでないなら、
p.91 の要領で精練する。

4

ウール糸を 2 の染液に入れ、ゆっくり加熱して
沸騰したら火を弱めて 30 ～ 60 分加熱、火を止めて
そのまま冷ます。その間ときどき上下を変えて
むらにならないように気をつける。染液はとっておく。

5

ぬるま湯で軽くゆすいで脱水する。

6

酢酸銅を少量の熱湯で溶かす。

7

8～9ℓ（被染物の約 35 倍）の
ぬるま湯を加える。

8

7を火にかけて 30～40℃になったらウール糸を入れ、
ゆっくり加熱して沸騰したら火を弱めて 20 分加熱。
火を止めて、ときどき上下を変えながら冷ます。
その後ぬるま湯で軽くゆすいで脱水する。

9

4の染液に戻して火にかけ、沸騰後 20 分加熱したら
火を止め、そのまま冷ます。ときどき糸を揺り動かして
むらを防ぐ。充分冷めたら同じ温度の水で
色が出なくなるまでゆすぎ、乾燥させる。

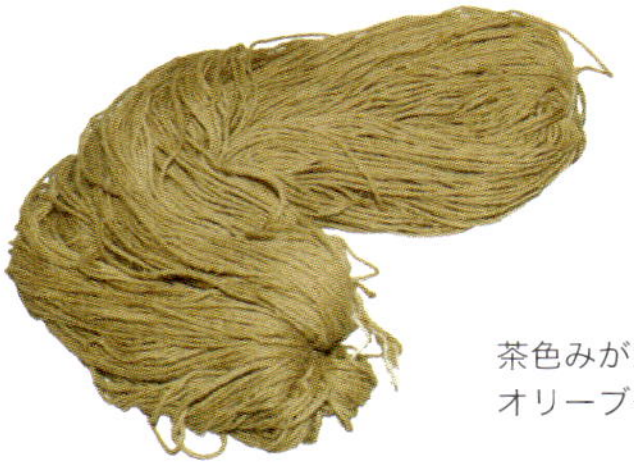

10

茶色みがかった
オリーブグリーンに。

MEMO
秋は実にタンニンがあり、枝もタンニン分が
多くなるので茶色みが強くなるのではと想像している。
実際はどうなのか、もう少し研究の必要がありそうだ。

オリーブの葉で染める

枝では思うような色が出なかったため、
葉だけで染めてみました。

材 料
ウール糸 250g、
オリーブの葉 500g（被染物の 200%）、
酢酸銅 10g（被染物の 4%）

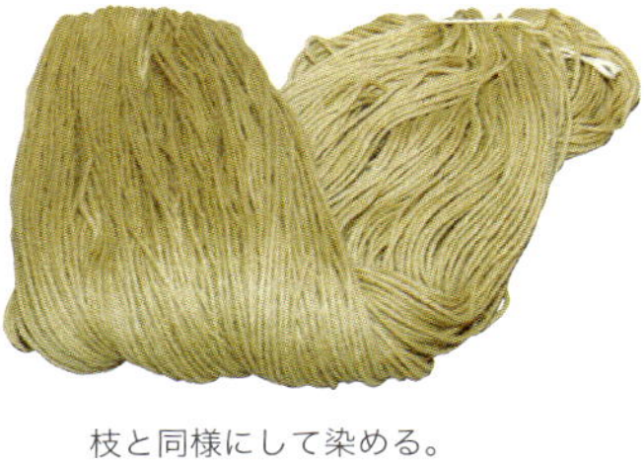

枝と同様にして染める。
葉だけで染めると、
まさしくオリーブグリーンになった。

左から鉄、銅、ミョウバンで媒染したもの。

四つの植物でグレーを染める

サルスベリ、五倍子、オオマツヨイグサ、
クリのいがで色調の違う
4種類のグレーを染めました。
厚手の木綿地に染めてクッションカバーに。
手順はどれも同じなので、まとめて説明。

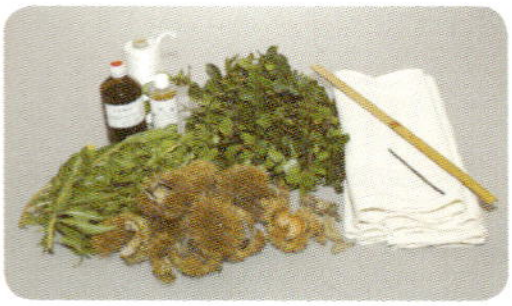

材 料
木綿の布 180g を 4 枚、
サルスベリの葉、
オオマツヨイグサ、クリのいが各 180g
（被染物の 100%)、
五倍子 36g（被染物の 20%)、
木酢酸鉄 40ml（被染物の 20%強）×4、
ディスポン（濃染剤）適宜、麻糸、
木炭（またはチョークペンか 6B の鉛筆）、
スケール、針、荷造りひも

左からクリのいが、サルスベリ、五倍子、オオマツヨイグサで染めた。

クリ
（ブナ科）
実のいがはもとより、
鬼皮、渋皮もタンニン分を
多く含んでおり、
いい染料になる。

サルスベリ
（ミソハギ科）
染色には
6 月から 10 月までの
緑葉を使う。

ヌルデ
（ウルシ科）
葉についた虫こぶを
五倍子（ごばいし）と
呼び、市販品もある。

オオマツヨイグサ
（アカバナ科）
染色には
7 月から 10 月までの
しっかりした葉と茎を使う。

1

材料の下ごしらえ
サルスベリとオオマツヨイグサは刻む。
五倍子は木づちでたたいて細かくする。

2

木綿の染めつきをよくする濃染処理をした。
ディスポン 30ml を熱湯 8ℓ で溶かして（熱湯 1ℓ につき
ディスポン 3 〜 4ml ）布を浸し、よくかき混ぜながら
15 〜 20 分おく。その後ゆすいで乾燥させておく。

3

絞りの下絵を描く。布の中央に
適度な大きさの盆などを当て、円を木炭で描く。

4

円と高さをそろえて
三角形、正方形、長方形を、
それぞれの布の中央に描く。

5

麻糸 2 本どりで輪郭を 5 〜 7mm の針目で平縫いし、
絞る（手前 2 枚）。次に縫い目の上を
荷造りひもなどできつく巻く（奥 2 枚）。

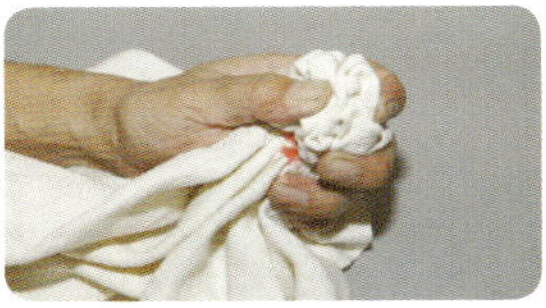

6

絞った部分より中心側を
指でくしゃくしゃにつぶす。

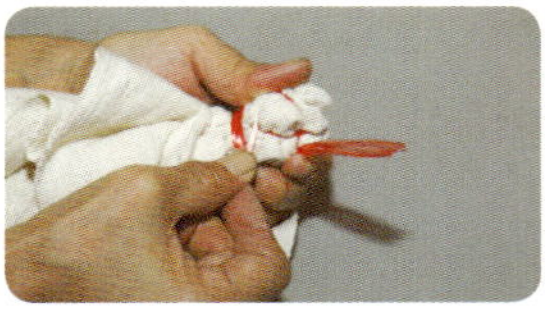

7

続けてひもをかける。

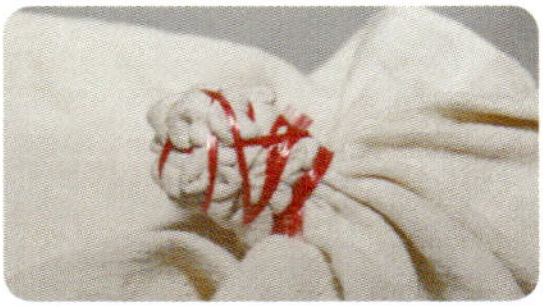

8

粗く強く縛ってひもをとめる。水に浸しておく。

9

染液を作る。
五倍子はキッチンネットなどに入れ、
2ℓ（被染物の 10 倍強）の水に入れて
火にかけ、沸騰後 15 ～ 30 分煮出す。

10

こして再度 2ℓ の水に入れて同様に
煮出して、合計 4ℓ の染液を作る。

11

クリのいがは 4ℓ（被染物の 20 倍強）の
水に入れて火にかけ、
沸騰後 30 ～ 60 分加熱してこす。

12

サルスベリとオオマツヨイグサは、
クリのいがと同様にして染液を作る。

13

四つの染料ごとに以下の工程を繰り返す。
布を脱水して染液に入れて火にかけ、
30 ～ 60 分加熱する。写真はクリのいが。

14

加熱する間中、布を広げたり動かしたりして、
隅々まで染液を行き渡らせる。のち軽くゆすいで
脱水する。染液はとっておく。写真は五倍子。

15

媒染剤の木酢酸鉄 40ml を
4ℓ（被染物の 20 倍強）の水に溶かす。
（媒染液は四つの染料ごとに作る）

16

布を入れて 20 ～ 30 分媒染する。
鉄と反応してたちまちグレーになる。
軽くゆすいで脱水する。媒染液はとっておく。

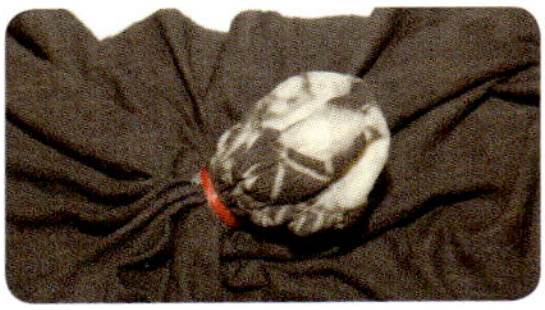

17

7、8 で絞ったひもをほどく。

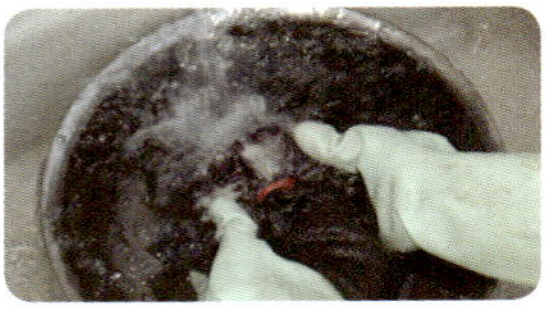

18

水洗いして脱水する。

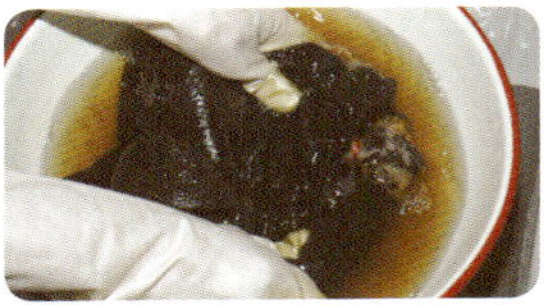

19

14 の染液を火にかけて布を入れ、
加熱しながら 20 〜 30 分染める。
その後、水でゆすいで脱水する。染液はとっておく。
写真はサルスベリ。

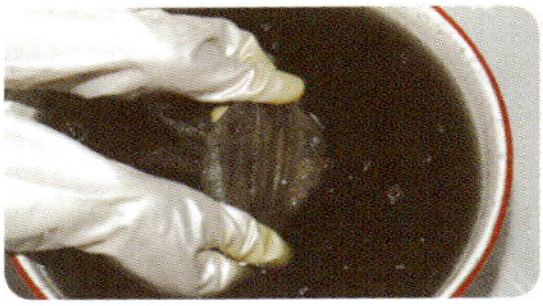

20

16 の媒染液に戻して 20 〜 30 分媒染する。
のち水洗いして脱水する。
写真はオオマツヨイグサ。

21

19 の染液を再び火にかけ、
布を広げながら 20 〜 30 分染める。
のち水でゆすいで脱水する。

22

糸をとき、水が透明になるまで
充分ゆすぎ、
脱水、乾燥させて完成。
クッションカバーに仕立てる。

MEMO

五倍子は 10 回ほど煮出し可能。
色は薄くなるが、煮出し液をペットボトルなどに
入れて冷暗所に保存するといい。
ただし日がたつにつれて紫みのないグレーになる。

柿渋で染める

柿渋は、渋ガキをつぶしてしぼった液を
1年以上ねかせて作る、茶色い液。
この本では、青いカキをミキサーで
つぶした液をすぐに使いました。
ねかせた柿渋にある匂いもなく、扱いやすい。
7月から8月の青い渋ガキを使います。

材 料（1枚分）
麻の布（生平）67g、
カキ（へたを取り除いて）200g
（被染物の約300%）、
キッチンネット、はけ、輪ゴム

カキ（カキノキ科）
染めに使ったのは、
写真の琉球豆ガキまたは
信濃ガキと呼ばれる小さい渋ガキ。
渋をとるために
各地で植えられている
豆ガキよりもさらに
渋の成分が多い。

1

カキと水800㎖（カキの約4倍）を合わせて、
ミキサーでなるべく細かく粉砕する。
カキが大きいようなら、あらかじめ適宜カットする。

2

キッチンネットでこす。

3

絞る。

4

1枚の布は縦にたたんで全体を水で湿らせ、
渋液につけて約30分、ときどき返しながら
まんべんなくしみ込ませる。

5

もう1枚は、乾いた布に渋液をはけで塗って
引染めをする。残った渋液はペットボトルなどに入れ、
冷暗所などに保存して使う。
発酵した場合に備え、ふたはゆるくしておく。

6

縦にたたんだほうはゆるく輪ゴムをかけ、
引染めにしたほうは広げて、日光にさらす。

7

濃く染めたい場合は、水で湿らせた布を
渋液につけては天日にさらす作業を何度か繰り返す。
重ねるほど布がごわごわとかたくなってくるので、
好みのかたさで染めをやめる。

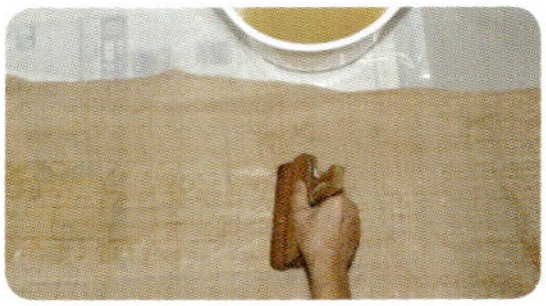

8

引染めも、何度か重ねると複雑な色調が生まれる。
これは中心を塗り重ねた。

9

3週間から1か月で、
渋を重ねた部分が日光にさらされて褐色になる。
左が浸し染め、右が引染め。

MEMO

・柿渋がついてぬるぬるする手は、
へたを入れた水で洗うとよく取れる。
・布を水でぬらしては日光に当てて
乾燥を繰り返すと、早く発色する。
日光に当たったところが濃くなるので、
ときどきたたみ方を変えるとおもしろい。

柿渋染めは簡単なのにハイセンスな
仕上りになるところがうれしい。
浸し染めはバッグにし、
引染めは色紙かけに仕立てた。

カワラマツバで染める

日当りと風通しのいい土手や草原に生える草。
夏小さい白い花が咲くと少し目立ちますが、
それ以外の時季は忘れられたように
ひっそりしています。
赤を染める植物、アカネの仲間で、
同じように根で赤が染まります。

材 料
絹地に綿で格子を織り出したスカーフ 80g、
カワラマツバの根 240g（被染物の 300%）、
ミョウバン 8g（被染物の 10%）、
荷造りひも

カワラマツバ
川原松葉（アカネ科）
気をつけて探すと
あちこちに生えている。
根から赤い色素を抽出する。

1

材料の下ごしらえ
カワラマツバは土や茎などの不要な部分を取り除き、根の赤い部分だけにしてよく洗う。

2

スカーフは精練し（p.91 参照）、縦二つ折り、次に横二つに折ってびょうぶだたみにする。

3

ほぼ正方形に折る。

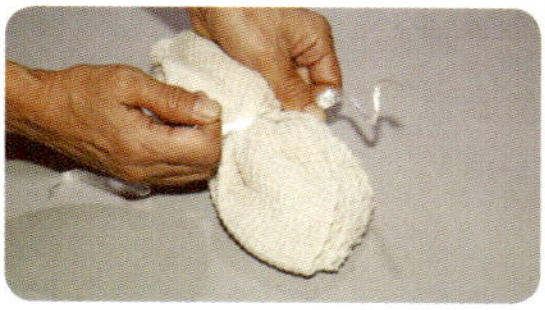

4

対角線に大きくひだを寄せ、荷造りひもで縛る。

5

きつめに縛ると模様がはっきり出る。
縛る部分の幅で柄の広さも変わる。
媒染する前に水に浸し、軽く脱水しておく。

6

ミョウバンを少量の熱湯で溶き、
2ℓ（被染物の25倍）の水を加える。
スカーフを入れて、液中で布を1枚ずつ広げながら
20～30分まんべんなく浸透させたのち、ゆすぐ。

7

カワラマツバの根はできるだけ細かく切る。

8

2ℓ（被染物の25倍）の水に7を入れて沸騰させ、
5分煮たらこして染液をとる。再度2ℓの水を入れ、
沸騰後20～30分加熱してこすと、澄んだ赤い色が出る。
残った根は、煮出した液が赤いかぎり何度も使用できる。

9

脱水したスカーフの片側を8の液に浸して
20～30分加熱する。
たたんだ布を1枚ずつ広げるようにして染める。

10

全体を浸して30～60分間加熱する。
その間、布を広げるようにして、ひだの奥まで
染液を浸透させる。濃淡2色の柄になる。

11

充分ゆすいで乾燥させて完成。
濃淡の位置を変えた2枚。
左は2度目に抽出した染液、
右は最初に煮出した液で染めたもの。
2度目の液のほうが赤みが強い。

タデアイの生葉で染める

本格的な藍染めは、複雑な手順で
アイの葉を発酵させた染液で染めます。
素人が簡単に藍染めをするには
大和藍のようなパウダー状の商品を
使えばいいのですが、フレッシュなアイの葉で
染める方法をここで紹介します。
〝生葉染め〟と呼ばれる方法で、木綿を染めます。

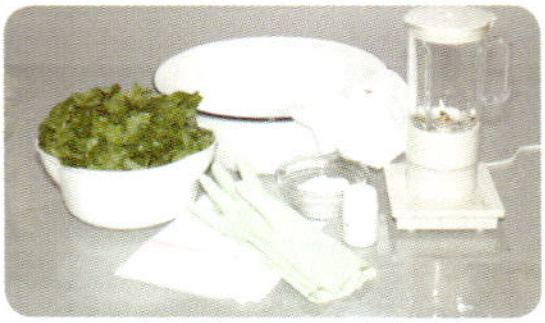

材 料
木綿のシャツ 140g、
アイの葉 280g（被染物の 200%）、
ソーダ灰、ハイドロ各 10.5g
（染液 1ℓに対して各 1.5g）、
ミキサー、洗濯ネット

タデアイ（タデ科）
藍の成分がとれる植物は
たくさんあるが、タデアイは
日本の藍染めに昔から使われ、
日本各地で今も栽培されている。
タデアイにもたくさん種類があり、
写真は〝丸葉アイ〟。

グラデーションに染まったシャツ。

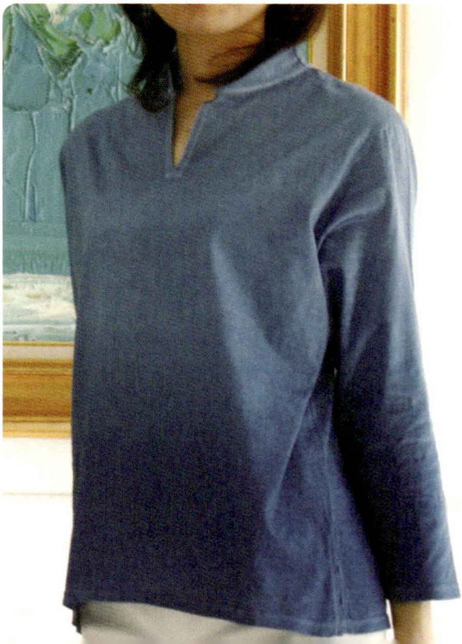

MEMO
・ミキサーにかけてこし、
ソーダ灰やハイドロを
加えるまでの作業は
できるだけ手早く。
時間の経過につれて色素が
次第に少なくなる。
・薬を入れた後は充分時間をおく。
翌日までおいた場合は、
ソーダ灰やハイドロを
再び加えて混ぜ、
20 分ほどたってから染める。

1

アイの葉に水を加えてミキサーにかけ、
洗濯ネットなどでこして、
7ℓ（被染物の50倍）の染液を作る。ここでは
水1ℓに葉40gを加えてミキサーに7回かけた。

2

しっかりと絞る。

3

ソーダ灰を入れてかき混ぜる。

4

ハイドロを入れてかき混ぜる。
1～4までの作業は15分以内に手早くする。

5

1時間すると液が青くなる。
この色になってから染める。

6

シャツは水で湿らせておく。
まず、身頃と袖の下のほうだけ浸す。

7

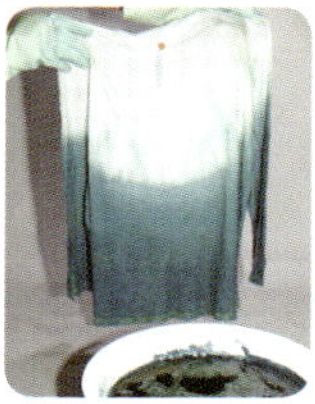

よくはたいて空気にふれさせると、
緑色から青に変化する。

8

全体を浸して絞る。
液中でシャツをたぐりながら、
順番にまんべんなく広げる。

9

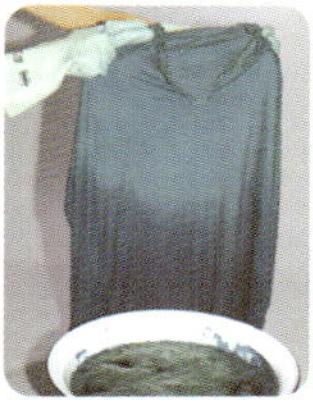

空気にふれさせて青を出す。
この後、水が透明になるまで水洗いする。

10

乾燥させて完成。

ビワの葉で染める

ビワの葉で染めた色は、実の色のように温かいオレンジ色。ストールの両端を2人で持って縄のようによじり、染液に浸すという、とても簡単な絞り方〝二人でくねくね〟です。

材 料
ウールのストール 110g、
乾燥したビワの葉 55g
(被染物の 50%)、
ミョウバン 8g(被染物の 7 ~ 8%)

ビワ(バラ科)

1

10 月末~ 11 月上旬の、花が咲く前の濃い色の葉を採取する。すぐ染めてもいいが、乾燥保存した葉でもいい(手でもんで細かくして使う)。
生葉の場合は被染物の 200 ~ 300%使用。

2

ストールは染める前にぬるま湯に1時間以上浸し、脱水しておく。

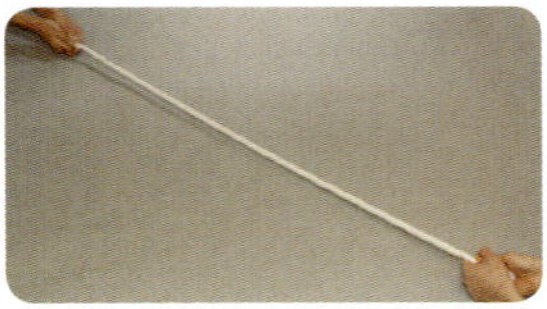

3

二人でストール(生乾きで OK)の両端を持ち、ねじって手綱のようにする。
自分のほうに引きながらねじると上手にできる。

4

両端を合わせると自然に布がからむ。
輪になった側にもう一方の端を通す。

5

3ℓ 強(被染物の 20 ~ 30 倍)の水に葉を入れて火にかけ、沸騰後 20 ~ 30 分煮出してこし、3ℓ の染液を作る。

6

ミョウバンを少量の熱湯で溶かし、3ℓ(被染物の 20 ~ 30 倍)のぬるま湯を加えて媒染液を作る。

MEMO
ウールを染めるときは、
媒染液、染液ともに
高温まで温度を上げる。

同じ手順で同じように染めても、
木や採取時期により、
黄色〜オレンジ色と幅がある。

7

媒染液を火にかけてストールを入れ、
沸騰したら火を弱めて 20 〜 30 分、
時々上下を返しながら媒染する。

8

ストールをぬるま湯で
1 〜 2 回ゆすぎ、軽く脱水する。

9

染液を火にかけてストールを入れ、沸騰したら
火を弱めて 30 〜 60 分、時々上下を返しながら染める。
その後火を止め、30 〜 40℃に冷めるまで
時々布を揺り動かしながらおく。

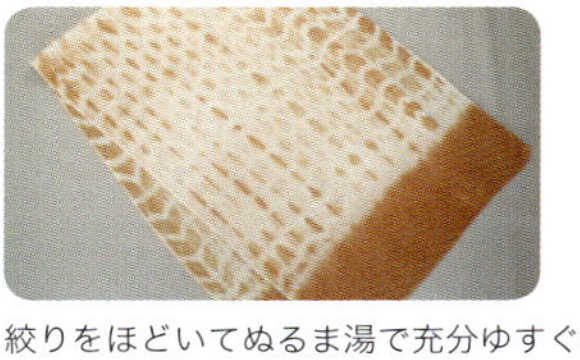

10

絞りをほどいてぬるま湯で充分ゆすぐ。
乾燥させて完成。

クリの鬼皮で染める

クリのいがでグレーを染めましたが（p.22）、
実のかたい外皮も渋皮も丈夫な染料になります。
生平（きびら）という麻地に
単純な絞り（帽子絞り）を施してのれんに。

材 料
麻の布（生平。86×145cm）230g、
クリの鬼皮 230g（被染物の 100%）、
ディスポン（濃染剤）15ml
（熱湯 1ℓに対して 3 ～ 4ml）、
ミョウバン 20g（被染物の 10%）、
荷造りひも、ビニール袋、
木炭、針、糸

1

布に木炭、チョークペンなどで図案をかき、
その線上を 5 ～ 7mm の針目で平縫いする。

2

平縫いした部分をしっかり絞る。
縫った部分が直線になっていれば
きちんと絞れている。

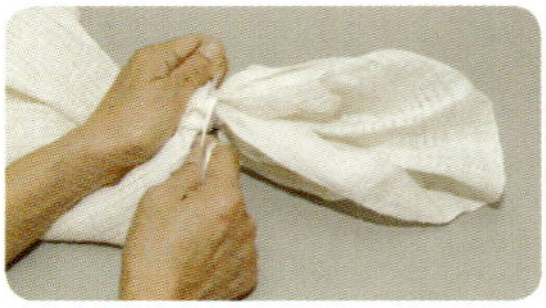

3

絞った上をさらに荷造りひもでしっかり縛る。

4

ビニール袋を二重にして、
染めたくない部分にかぶせる。
ひもで縛った上にひもをかけ、
染液が入らないようにしっかり縛る。

5

5ℓ（被染物の 20 ～ 30 倍）の
熱湯にディスポンを入れてかき混ぜる。

6

水に浸して脱水した布を 5 に入れ、
広げながら 15 ～ 20 分浸し、のち水洗いする。

7

6ℓ（被染物の約 30 倍）の水に
クリの鬼皮を入れて火にかけ、
沸騰後 30 ～ 60 分煮出したのち、こす。

8

ミョウバンを少量の湯で溶かし、
5ℓ（被染物の約 20 倍）の水を加える。

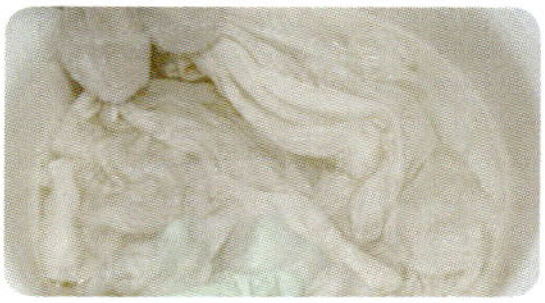

9

8 に脱水した布を入れて 20 ～ 30 分媒染する。

10

媒染した布を軽く水洗いして脱水する。

11

7 の染液を火にかけて布を入れ、ひだの奥まで
染液が行き渡るように広げながら
30 ～ 60 分染める。その後軽くゆすぐ。

12

ビニール袋、ひも、糸などすべてといて、
充分ゆすいで乾燥させて完成。
のれんに仕立てる。

柄出しテクニック
・簡単絞り・

〝絞り〟をするには、普通は針と糸を使います。しかし、
針は子どもには危ないし、糸は年をとると見えにくいもの。
そこで、誰にでも失敗なくできる方法を考えました。
〝絞り〟ではなく〝縛り〟や〝結び〟なら、
「私にもできるかもしれない」と、どなたにも
感じていただけるのではないでしょうか。
輪ゴムや荷造りひもを使って縛ったり、
縫う場合でも、極力簡単な絞りを紹介します。

ひも巻き絞り（p.44）のラグをテーブルにかけてみた。

たたんで絞り(p.48)は
縫うところが少ないので
手早くできる。

輪ゴム絞り
クサギの実で青を染める

思いがけない柄ができるのがうれしい輪ゴム絞り。
ひもの代りに輪ゴムで絞ります。
スカーフやハンカチ、ふろしきなどを染めましょう。
折り方と輪ゴムをかける位置で
いろいろな柄ができます。秋にとれるクサギの実で
きれいな青を絹に染めました。

材 料
絹のスカーフ 10g、
クサギの実 50g
（被染物の 500%）、
ミョウバン 1g
（被染物の 10%）

MEMO
・青を染める染料としては藍があるが、天然染料で青は少ない。
・クサギの実は目立たないので、夏白い花が咲いたときに木を探しておくといい。

1

スカーフを半分に折る。

2

さらに半分にびょうぶだたみに。

3

長さを半分に折り、そこから直角に折り返す。

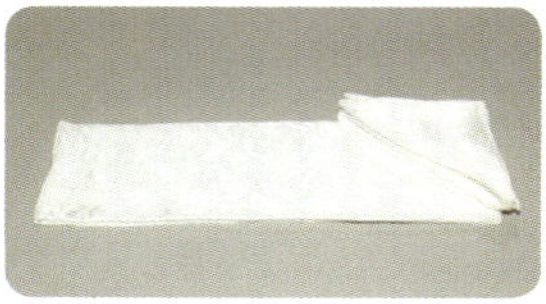

4

折り返した分を三角にたたむ。

5

残り半分も同様に折って直角三角形に。

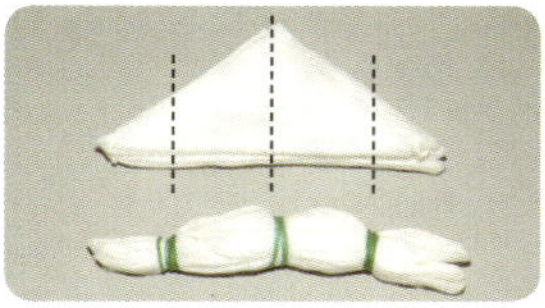

6

点線の部分に輪ゴムをかけて防染する。
これを水に充分浸して脱水する。

7

ミョウバンを少量の熱湯で溶かし、
1.5ℓ（被染物の150倍）の水を加えて媒染液を作る。
6を入れ、両端のひだをできるだけ広げて
20～30分つけ、その後軽く水洗いして脱水する。

8

クサギの実を2ℓ（被染物の200倍）の水に入れて
火にかけ、沸騰後20～30分加熱し、
ざるでこす。

9

8を火にかけてスカーフを入れ、
布のひだをできるだけ広げながら
30～60分染める。
絹のために80℃を保つといい。

10

水洗いし、輪ゴムをはずして、
再び色が出なくなるまで水洗いする。
堅牢度は低く、褪色しやすい。

・輪ゴム絞り・いろいろな折り方

正方形に折って　●木綿にアカネ

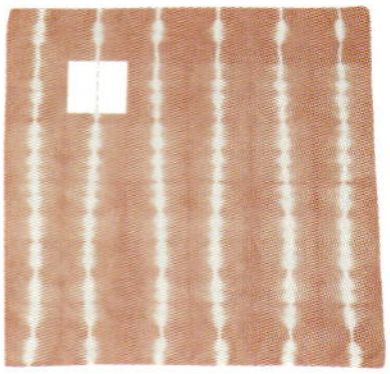

A

びょうぶだたみに
したのち正方形に折り、
中心を輪ゴムでとめる。

B

Aと同じ折り方で、
正方形の四隅に
輪ゴムをかける。

C

対角線に
輪ゴムをかける。

直角二等辺三角形に折って　●木綿に五倍子

D

p.39 の折り方参照
(2で三つにたたむ)。
直角以外の 2 角を
輪ゴムでとめる。

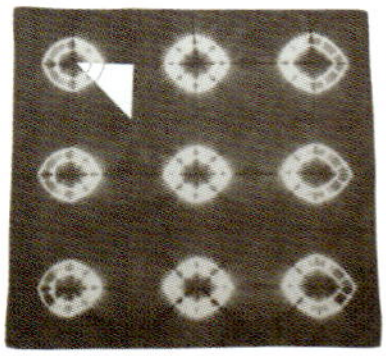

E

一方の鋭角の 2 か所を
輪ゴムでとめる。

F

3 か所を輪ゴムでとめる
(p.39 の輪ゴムの
かけ方と同じ)。

正三角形に折って　●木綿にヨモギ

G

びょうぶだたみにしたのち
正三角形に折り、
角に輪ゴムをかける。

H

G の輪ゴムを
2 本ずつにして
幅広く絞る。

I

正三角形の中心に
輪ゴムを1本かける。

詳しい折り方は「障子紙を染める」(p.76)に。

びょうぶだたみ絞り
ソヨゴの葉で赤を染める

ソヨゴは中部地方の山に普通にあるモチノキ科の木。
常緑樹で、漢字では「冬青」と書き、
赤を染めることができる、日本では数少ない
染料植物です。紹介したのは布の端を
荷造りひもで巻いて絞る、
ひも巻き絞りの一つ。おおまかな絞り方なので、
子どもにもおすすめです。

材 料
麻のランチョンマット 125g を
4 枚（計 500g）、
ソヨゴの葉 250g（被染物の 50％）、
ミョウバン 50g（被染物の10％）、
木炭、荷造りひも、
スケール、洗濯ばさみ

1

ソヨゴを 4ℓ の水に入れて
火にかけ、沸騰後 20 ～ 30分煮出してこす。
酸化させて赤みを増すために、
ふたをしないで 2 ～ 3 週間液を放置する。

2

葉は 10 回ほど煮出して色素を抽出できる。
初めは緑色の葉が、10 回目には赤くなっている。

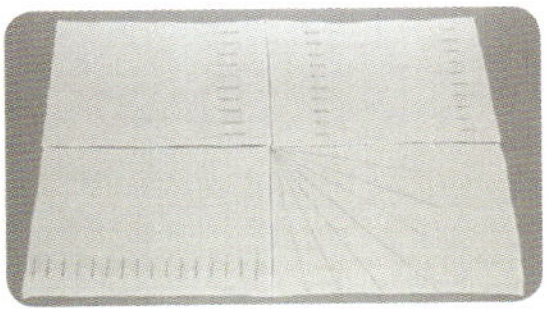

3

ランチョンマット 3 枚は 3cm 間隔に、
1 枚は放射状に木炭で印をつける。

4

印の位置でびょうぶだたみにする。

5

折ったところを洗濯ばさみでとめる。

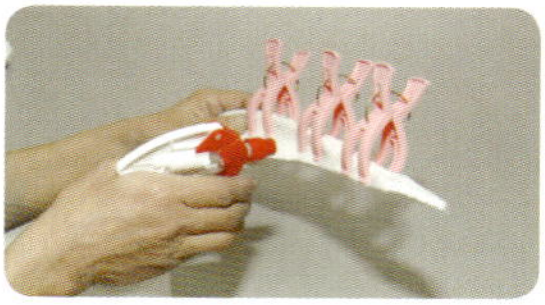

6

霧を吹いて絞る部分を湿らせる。
7で縛るときにしっかり縛れるようにするため。

7

3cm間隔にひもで強く縛る。

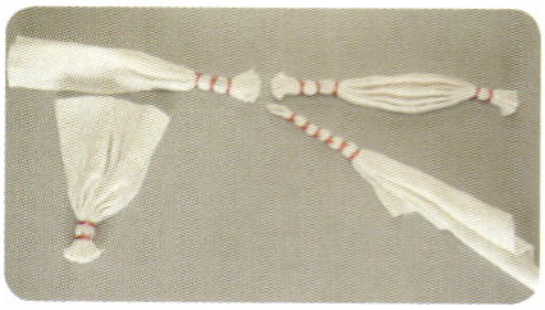

8

3と同じ位置に置いてみた。

9

水に充分浸して脱水する。

10

ミョウバンを少量の熱湯で溶かし、
8～10ℓ（被染物の16～20倍）の
水を加えて媒染液を作り、
9をつけて20～30分媒染する。

11

軽くゆすぎ、脱水する。

12

染液8～10ℓ（被染物の16～20倍）を
ボウルに入れて火にかけ、ランチョンマットを
入れて沸騰後30～60分染める。
その間、布をよく広げてむらなく染液を行き渡らせる。

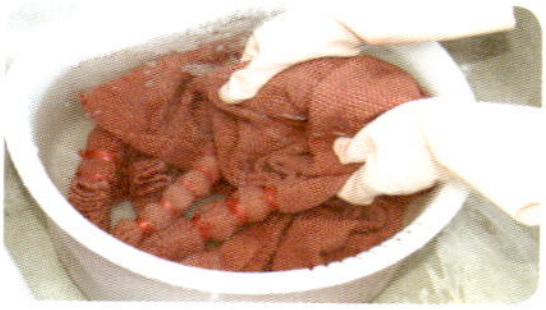

13

軽く水洗いする。

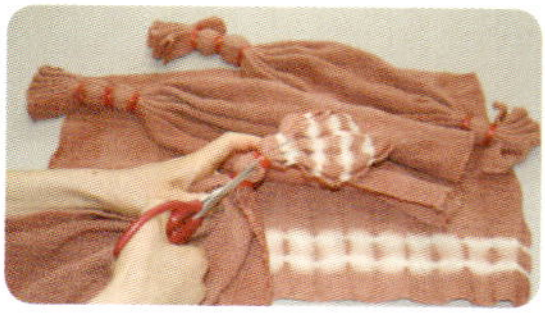

14

ひもを取り、水が透明になるまでゆすぐ。

完成。

MEMO

・ゆすぐときは、できたらため水で。
水道水が直接布に当たるとむらになったり、
鉄分を含む水道水の場合、鉄媒染されて
色が濁ることがある。
・ソヨゴから色素を抽出するとき、
1回目、2回目の液を一緒にしないで、
別々の口の広い容器にとると、
染液の色の変化がわかる。ミョウバン媒染では、
ほぼ見た目の液の色に染まる。12で染めるときに、
液を混ぜて好みの色にするといい。
・葉はいつ採取したものでも染められるが、
初夏から夏の若い葉は避けたほうがいいようだ。

やわらかい赤に染まった。

大和藍で染める

ひも巻き絞り

大和藍は、藍熊染料という会社が開発した藍で、
素人でも簡単に藍染めを楽しめます。
布を斜めにたぐって荷造りひもで縛った豪快な絞り。
大きい布に大胆な斜め格子ができます。

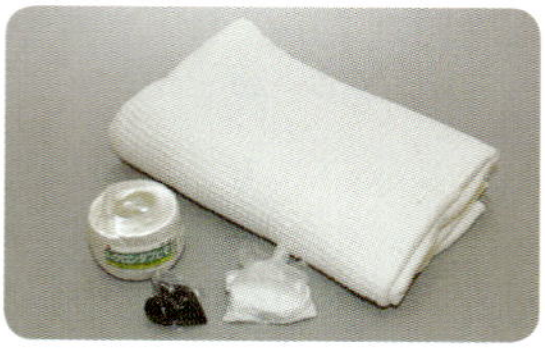

材 料
木綿の布（180×230cm）1.5kg、
大和藍 50g（被染物の 3%）、
ソーダ灰、
ハイドロ各 90 ～ 120g
（2 回分。染液1ℓに対して各 1.5g）、
荷造りひも

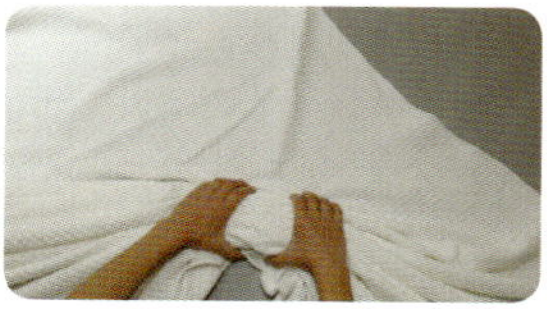

1

斜め（約 45 度）に布をたぐる。

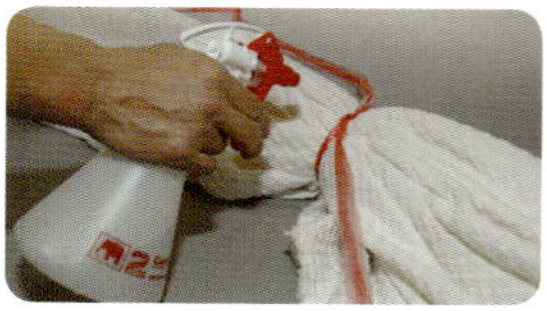

2

布の真ん中をひもで軽く結び、
結び目に霧吹きで湿り気を与える。
写真ではわかりやすいように
色つきのひもを使っている。

3

10cm おきにしっかり縛る。
縛った部分の幅が広いと模様が太くなる。

4

むら防止のため水に浸す。
布全体に水分が行き渡ればいい。
その後脱水する。

5

40 ～ 50ℓの容器（大きいペールなど）に 30 ～ 40ℓ
（被染物の 20 ～ 25 倍）の藍液を作り（p.46 参照）、
布のひだを広げながら 5 分ほど染める。布が表面に出たら
手で押さえて染液に入れ、不用意な酸化によるむらを防ぐ。

6

ざるなどにとり、しっかり水気を絞る。
絞った液は容器に戻す。

7

端から順番に広げて空気にさらし、発色（酸化）させる。
染めと発色を２～３回繰り返して、
仕上げの半分くらいの濃さにする。
２回目からは染液につける時間は１～２分と短くする。

8

２～３回水洗いしてひもを切り、はずす。

9

今度は１と直角にひだをとってひもで縛り、
染める前に水に浸す。

10

染液にソーダ灰とハイドロを
各 45 ～ 60g 入れ、よく撹拌して 15 ～ 20 分おき、
染液を復活させる。そののち水気を絞った布を入れる。
入れる前は染液を撹拌しない。

11

好みの濃さになるまで、染めと発色のプロセスを
数回繰り返す。作品は４回染めている。
これで色がまだ淡いようなら、
ソーダ灰とハイドロを入れ、あと 1、２回染める。

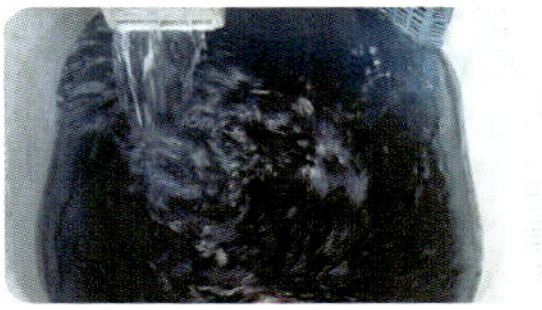

12

ゆすいで余分な染液を取る。
洗濯機を使用してもかまわない。

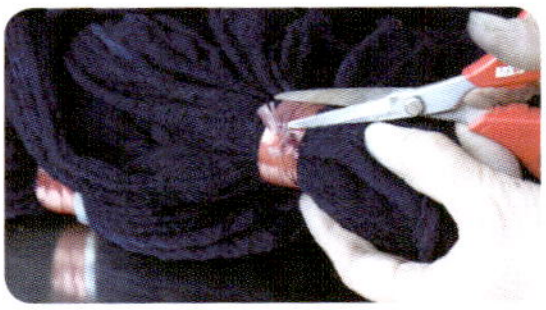

13

ひもをはずし、水が透明になるまでゆすぐ。

14

脱水、乾燥させて完成。

ぐしゃぐしゃ丸めて絞り

大和藍で染める

ぐしゃぐしゃに丸めて縛る、誰でも失敗しない絞り。
染めてみて柄の出方が気に入らなければ、
何度でも染め直してみてください。
日光にさらされるパラソルは、
耐光堅牢度が高い染料を選びましょう。

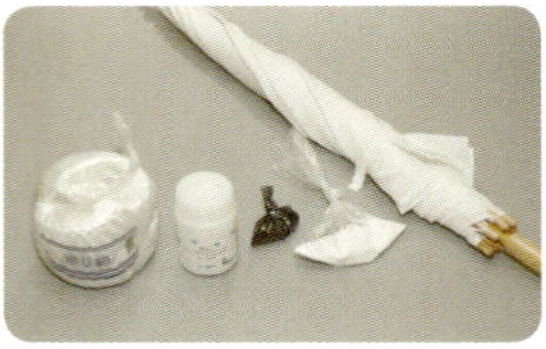

材 料
木綿の傘（布の部分 100g）、
大和藍 3 ～ 5g（被染物の 3 ～ 5%）、
ソーダ灰、
ハイドロ各 4.5g
（染液1ℓに対して各 1.5g）、
荷造りひも

1

傘から布をはずして水に充分浸す。のち脱水。

2

大和藍を 3ℓ（被染物の30 倍）の水
（冬はぬるま湯を使う）に
少しずつ加えてよく溶かす。

3

ソーダ灰を加えてよく混ぜる。

4

ハイドロを加えてよく混ぜ、
15 ～ 20 分そのままおく。

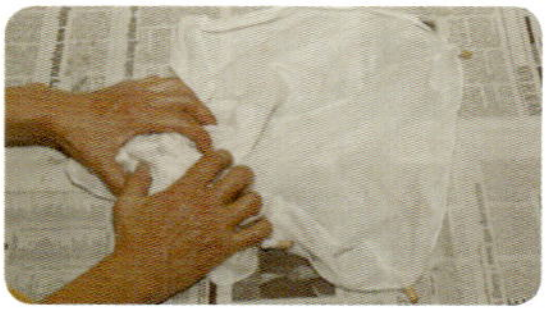

5

両手で布をたぐり、
表が外側になるように
手の中に丸くおさめる。

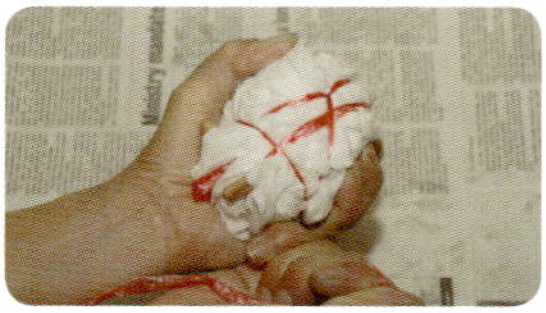

6

丸めた布にひもを粗く巻く。
強く縛るとはっきりした柄に、
弱く縛るとぼんやりした柄になる。

7

4 の染液に 6 を静かに入れる。

8

浮き上がったら箸などで押さえて 5 分ほど浸す。

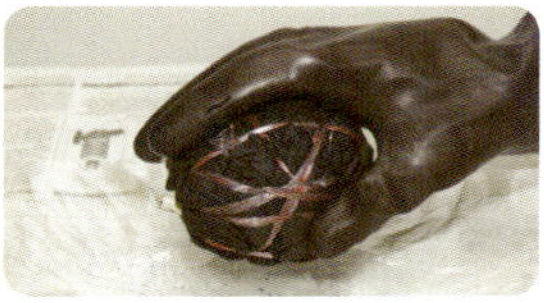

9

取り出して色が緑から青になるまで
トントンたたきながら発色（酸化）させる。

10

色を濃くしたいときは、望む色になるまで、
染めと発色を繰り返すが、染液に浸す時間は、
2 回目以降は 1 分程度にする。

11

模様をはっきりさせたい場合は
ひもをほどかず水洗いする
（先にほどくと中に入った色素が発色する）。

12

ひもをほどいて
水が透明になるまで充分水洗いする。

13

ぬれたまま傘にとりつけて、
傘を開いて乾燥させると、
アイロンがいらない。

MEMO

ソーダ灰、ハイドロを
入れたときは攪拌するが、
染める前は藍液を
かき混ぜないで、
静かに布を入れて染める。

たたんで絞り

大和藍で染める

折って縫えば、２本平縫いするだけで、
広い面積に柄を出せます。
簡単で効果大の絞り法。

材 料
綿、麻交織の布
（130×240cm）1.4kg、
大和藍 42g（被染物の 3%）、
ソーダ灰、ハイドロ各 90 ～ 120g
（2 回分。染液1ℓに対して各 1.5g）、
荷造りひも、木炭、
針、糸、スケール

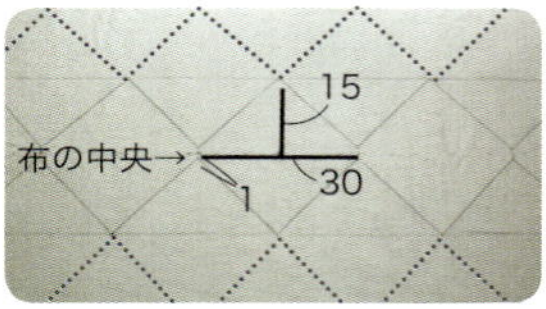

1

木炭で下絵をかく。この下絵で、130cm 幅の布に
四角い連続模様が 2 列できる。
布の幅により四角形の大きさを変える。
布の中央は図柄が重ならないように、2cm 離す。

2

写真のように布をたたんで、
上の 2 枚を一緒に平縫いする。
もう 1 本の針で下も同様に縫う。

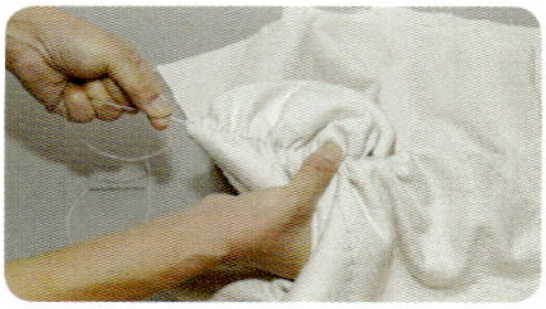

3

縫った糸をしっかり引いてとめる。

4

絞ったところ。2 本とも縫い縮める。

5

中央の陥没している布を引っ張り出す。

6

すべて引っ張り出したところ。

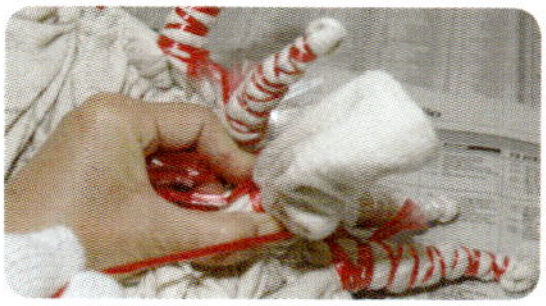

7

水に浸して脱水するか、霧吹きで湿らせてから
荷造りひもを粗くしっかりと巻く。
できるだけ根元から巻き上げ、上までいったら
下りてきて、元のひもと結ぶ（巻上げ絞り）。

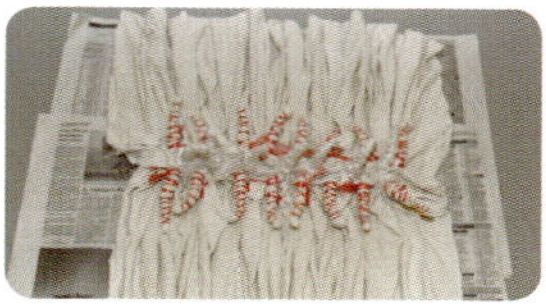

8

すべて巻き終えたところ。
写真はわかりやすいように赤いひもを使っている。
白いひもの部分は、5で引っ張り出した部分に
巻上げ絞りを施したもの。

9

p.46を参考に30～40ℓ
（被染物の20～30倍）の
藍液を作り、染める直前までふたをしておく。

10

布は水に浸し、脱水しておく。

11

染液に入れて布をたぐりながら、
絞った際のひだを開いて
隅々まで染液を浸透させる。

12

大きい布は重たいので、ざるなどの上で絞る。

13

染液の中で行なったのと同様に布を広げて発色させる。
濃くなるまで、染めと発色を繰り返す。
途中、染液が弱るので、ソーダ灰、ハイドロを入れて
撹拌し、15分おく（p.50のMEMO参照）。

14

充分濃くなったら、
中央の列のひも（白い部分）をほどく。

15

再び染液に浸し、一つ一つの突起を
手早くていねいに広げて染める。
2～3分以内にすべて染め終わるように。

16

しっかり絞って水気をきり、
隅々までよく広げて発色させる。

17

水がほぼ透明になるまで洗う。

18

外側のひも（赤）と平縫いの糸をほどき、
色が出なくなるまでゆすぐ。
大きいものは洗濯機でゆすいでも。

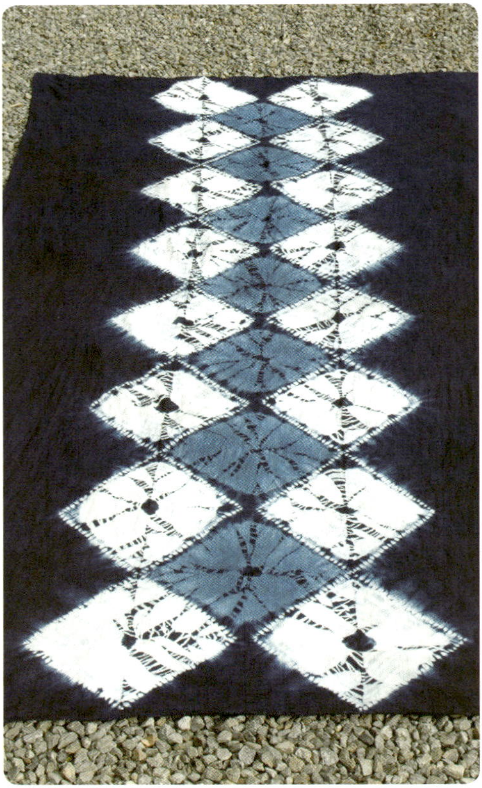

19

完成。
中の薄い青が14でほどいた部分。

MEMO
藍染めをしていて、
染まりにくいと思ったら、
ソーダ灰とハイドロを、
藍液1ℓに対して
各1.5g加え、よく撹拌して
15分休ませると、
染液が回復して、
染まるようになる。
染液の表面に泡がなくなったら
回復させる目安。

××絞り
大和藍で染める

針と糸を使いますが、手前から向うへ針を
3回刺してとめるだけの簡単な絞りです。
やや厚手の布に適した絞りで、
染めるのも簡単で、絣のような柄ができます。

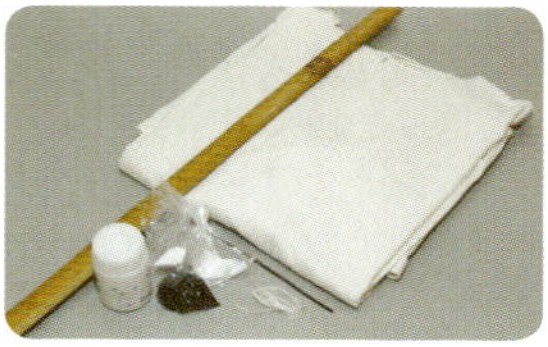

材 料
木綿のワンピース 350g、
大和藍 7 ～ 10g
（被染物の約 2 ～ 3%）、
ソーダ灰、ハイドロ各 20 ～ 30g
（2 回分。染液 1ℓに対して各 1.5g）、
スケール、木炭（またはチョークペン）、
針、糸、洗濯ばさみ

1

ワンピースは 6cm 間隔
（右3本は3cm 間隔）に縦に木炭で線を引く。

2

びょうぶだたみにする。

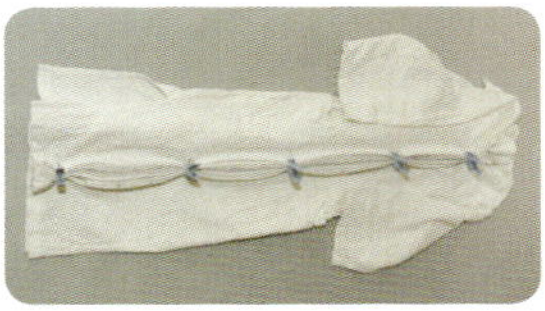

3

洗濯ばさみでひだを仮どめし、
ひだ山から約 1cm 下にしつけをかけてひだをとめる。
裏側のひだにも同様にしつけをかける。

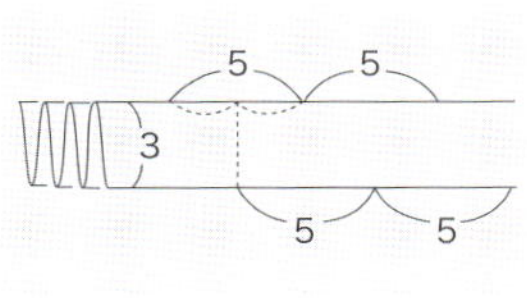

4

5cm 間隔に絞る。柄が交互に入るように、
上下の位置を図のようにずらす。
間隔が広くなると絣のような柄にならない。

5

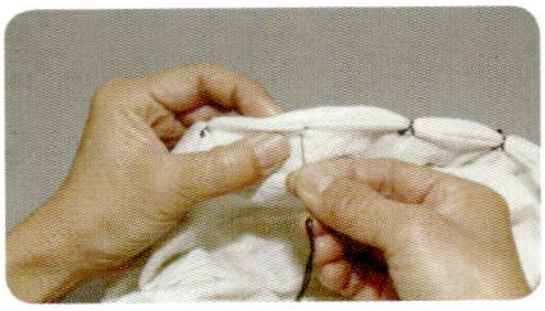

模様を入れる位置の中心から左に0.5cm、
ひだ山から0.5cm下に手前から針を刺し、
すべてのひだに通す。

6

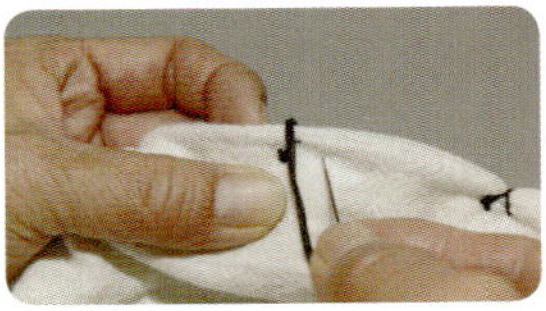

5の針位置より1cm 右に手前から針を刺す。
写真はわかりやすくするために黒糸を使っているが、
通常は白糸を使う。

7

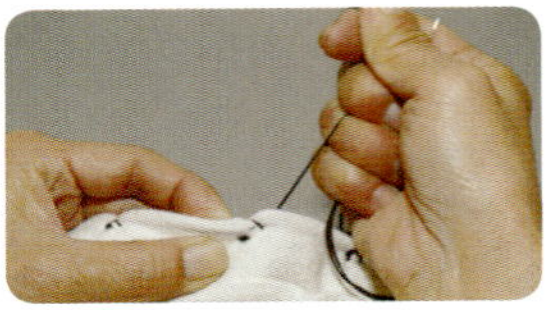

しっかり絞る。

8

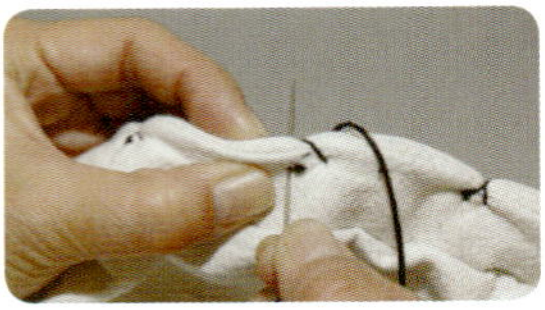

5で通した場所に再び手前から針を刺し、
ぎゅっと絞る。

9

ゆるまないように注意して糸をとめる。

10

裏側は表より 2.5cm ずらして同様に絞る。
絞り終えたところ。

11

3のしつけを取り、1時間以上水に浸す。

12

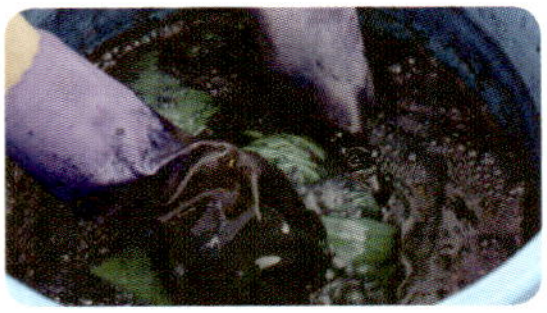

軽く絞り、染液（p.46参照）7～10ℓに浸し、袖、脇、裾と、
順番に布を広げるようにして染めていく。ただし、絞りを入れて
いる部分は広げなくていい。できるだけ空気にふれないようにし、
最初は5～10分くらいかけてしっかり染液をしみ込ませる。

13

できるだけしっかりと絞る。
かさばるものは網の上で絞るとやりやすい。

14

絞りをしていない部分を
しっかり広げて空気にふれさせ、発色させる。

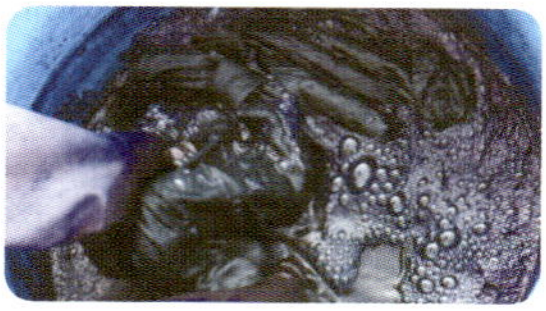

15

染めと発色を繰り返し、
好みの色まで染める。2回目以降は、
染液に浸すのは1～2分以内に。

16

真っ黒になったと思うくらいに染めないと、
水洗いと乾燥で、色が淡くなる。

17

途中で染まりにくくなった場合は、
ソーダ灰とハイドロを染液1ℓに対し各1.5g加え、
よく撹拌して15分休ませる。

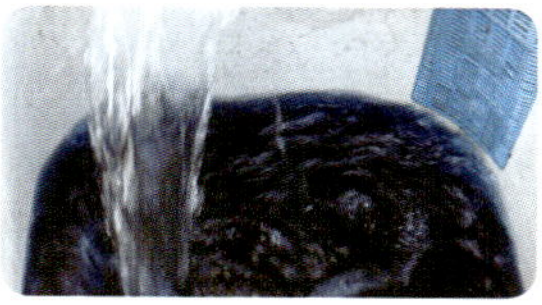

18

再び染めと発色を繰り返したのち、
余分な染液を洗い流す。
洗濯機を使ってゆすいでもいい。

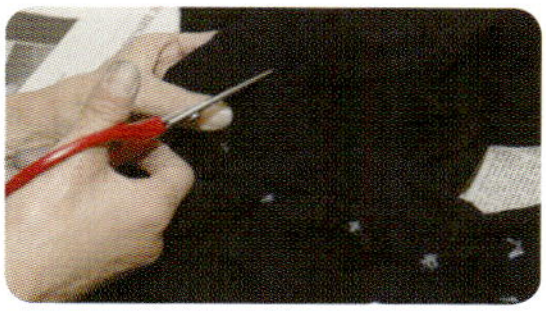

19

布を切らないよう注意しながら糸をほどく。

20

水が透明になるまで水洗いして脱水し、
乾燥させる。

完成。

21

柄をつける

・ろうけつ染めと板締め絞り・

ろうけつ染めも板締め絞りも、
古くから行なわれてきた染色法です。
普通はろうに筆を浸して図柄を描き、防染しますが、
正倉院に収蔵されているろうけつ染めは、
青銅の印が使われたといわれ、
蜜蠟《みつろう》と松やになどが使われています。
ろうの素材も、最近は熱湯で取れる
〝ソーピングワックス〟が開発されて、
ろうけつ染めがより身近になりました。
最初はやさしい野菜スタンプでろうけつ染めをしてみましょう。
たわしやスポンジなどを使ってもおもしろい柄ができます。
ろうで防染するろうけつ染めは、
熱を加えることができないので、藍染めで行ないます。

ろうけつ染めで
蓮根スタンプ
（p.56）を施した
タピストリー。
細幅の麻地に大和藍で。

蓮根スタンプ
大和藍で染める

みんなでわいわいやると楽しい野菜スタンプ。
蓮根のほか、四角く切ったジャガイモ
などを使っていろいろな柄を作ってみましょう。

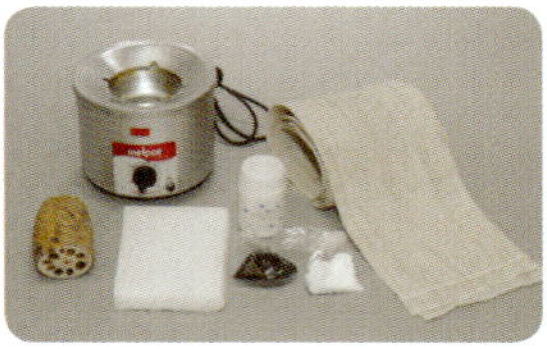

材 料（1枚分）
麻の布
（生平。15×120cm）100g、
蓮根適宜、
大和藍 5g（被染物の 5%）、
ソーダ灰、ハイドロ各 15g
（2 回分。染液1ℓに対して各1.5g）、
ソーピングワックス（ろう）適宜、
メルポット

1

布にスタンプする位置をしるす。

2

メルポットの温度はM（ミドル）にセットし、ろうをとかす。
ろうの温度を新聞紙にスタンプしてチェックする。
ろうが紙にしみ込んで文字が読めるなら適正（右）、
上に白く固まる（左）なら低すぎ、にじむなら高すぎる。

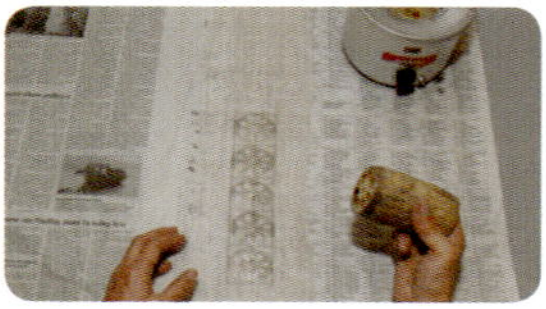

3

蓮根をろうの中に充分浸して温める。
蓮根が冷たいと、ろうが布の中まで浸透しない。
余分なろうをメルポットの縁で落としてスタンプする。

4

スタンプした布を充分水に浸して脱水する。
スタンプ部分を折ったり絞ったりしないように。

5

藍液 5ℓ（被染物の50倍）を作り（p.46参照）、布を順番に
液に入れ、絞らないで平らに広げて発色させる。
むらになるのを防ぐため、発色するまでは表裏を数回返す。
好みの色になるまで何回か染めと発色を繰り返す。

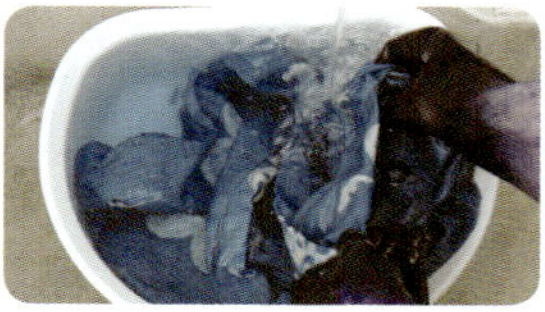

6

水が透明になるまでゆすぐ。

ジャガイモと蓮根スタンプ

7

蓮根スタンプ

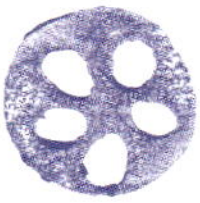

乾燥させ、70℃以上の湯で洗ってろう取りをする。
作品は染める回数を変えて濃度を変えている。

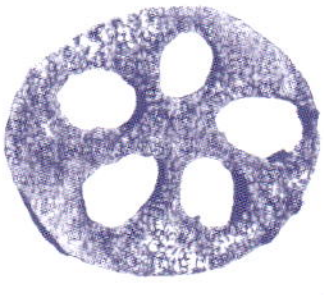

MEMO

・ジャガイモなど持ちにくいものは、
　箸などに刺してスタンプするといい。
・野菜はろうに浸すことで
　加熱されてやわらかくなってくるので、
　何度も浸す場合は長めに作り、先を切っては更新する。

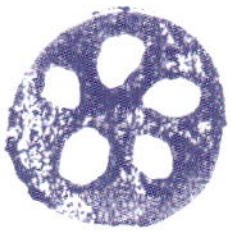

葉を型紙に 大和藍で染める

野菜スタンプよりも少しハイテクニック。
ヤツデの葉を型紙にして、大、中、小の葉を
並べるだけで簡単に模様ができます。

材 料
綿のふろしき 85g、
ヤツデの葉（大中小）、
大和藍 4g（被染物の約 5%）×2 回、
ソーダ灰、ハイドロ各 26g
（2 回分。染液 1ℓ に対して各 1.5g）、
マイクロワックス（ろう）適宜、
メルポット、ろう筆、木炭
（または 6B 程度の鉛筆）
スケール

MEMO
ろう入れは夏、
窓を開けて行なうのがいい。
メルポットと気温の差が
少ないほうが、ろう筆の温度が
下がりにくいのと、
窓を閉めたままだと、
ろうの匂いで
気分が悪くなる人がいるので。

1

ヤツデの葉をふろしきに当て、
図柄を考えながら木炭で輪郭をかく。
葉はできるだけすきまを少なく配置するときれい。

2

好みの場所に線を引く。

3

2 で引いた線から下は葉の外側にろうを入れ、
上は内側にろうを入れる。

4

表からろう入れしたら、同じ場所に裏からも
ろう入れをする。裏から見てろうが
入っていない部分だけでいい。そののち表から
3 と同じ部分に 2 度目のろう入れをする（二重になる）。

5

染める前。
ろうの部分が折れないように注意して
そっと水に浸し、絞らないで水気をきっておく。

6

大和藍 4g を 8.5ℓ（被染物の100倍）の水に溶かし、
ソーダ灰、ハイドロを各 13g 入れて
15 分おき、ふろしきを広げながら
まんべんなく染める。この藍液は薄め。

7

染液から出したらろう入れした部分以外の
水分を絞り、汚れてもいい場所に広げて発色させる。

8

色が緑から青に変わったら、
ろうを傷つけないよう、やさしく水洗いする
（色が出なくなるまで）。

9

1 回目が染まった。乾くと10 のように色は薄くなる。
完全に乾かさないと次のろう入れがうまくいかない。
夏は直射日光でろうがとけることがあるので、
日陰で乾かす。

10

葉は薄い藍の色を残したいので、
藍を染めた上からろう入れをする。
輪郭を少し残すようにすると、
柄がくっきりと浮き立つ。

11

大和藍 4g を前回染めた容器に追加してよく撹拌し、
ソーダ灰、ハイドロも各13gずつ入れて混ぜ、
15 分おいて、染液中でふろしきを
広げながらまんべんなく染める。

12

引き出して空気にさらし、
発色させては染める作業を繰り返す。
充分に発色してから染めないとむらになる。

13

引き上げるつど、
ろうの部分を避けて絞る。

14

濃紺に染めたいなら、真っ黒に見えるくらいまで
染め重ねる必要がある。作品は10 回くらい繰り返した。
最後のほうは液につける時間を短くする。
長いと逆に、色が液に取られることがある。

15

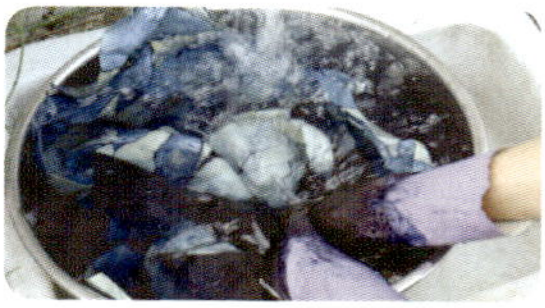

藍の色が出なくなるまで流水でゆすぎ、
日陰で乾燥させる。

16

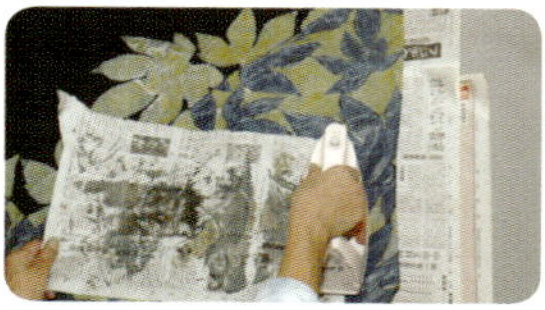

新聞紙を重ねてふろしきを置き、
その上に新聞紙を当ててアイロンをかけ、ろうを取る。
古新聞を使い、上に当てる新聞紙は、
インクの使用量が少ない側を布に当てる。

17

上の新聞紙はろうがしみたら替える。
下は重ねた新聞紙を次々にめくりながら更新する。
新聞紙にろうがつかなくなるまでアイロンをかける。

18

灯油の中でしっかりともみながら、
残ったろうを取る。

19

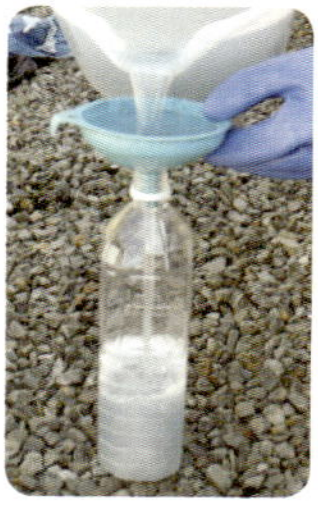

残った灯油は
ペットボトルなどに入れて
保存する。次回の脱ろうのとき、
ろうは沈殿しているので、
上澄みを使用する。

20

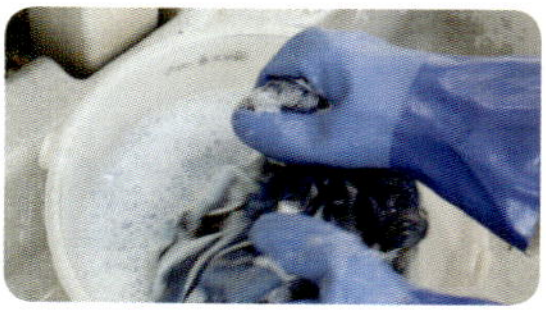

18 の容器にせっけんを大量に入れてよく洗い、
水洗いして乾燥させる。

21

完成。

MEMO

・アイロンの温度は最初は低くし、徐々に上げて
　布に適した温度まで上げる。最初から高温にすると
　新聞紙のインクが布に移るおそれがある。
　新聞紙はなるべく古いものを使用する。
・最後に沈殿物だけになった灯油は、
　新聞紙などに吸わせて燃えるごみとして処分する。
・ろう取りの際の手袋は、耐油性のものを使用する。
・ろうけつ染めは、ろうがひび割れするので、
　しっかり絞って水分をきることができない。
　そのため、染液の濃度を濃くしておく。
・同じ理由で布を小さくたたむことができないため、
　多めの染液でゆったり染める。

板締め絞り

大和藍で染める

板締め絞りは、たたんだ布を好みの形と
大きさの板ではさんでしっかりと押さえ、
はさんだ部分を防染して柄を出します。
布のたたみ方と板の形で
さまざまな柄ができるのが利点。
単純なテクニックで大胆なデザインの
麻のタピストリーを作りました。

材 料
麻の布（42×216cm）180g、
大和藍 9 ～ 18g
（被染物の 5 ～ 10%）、
ソーダ灰、ハイドロ各 15g
（染液 1 ℓ に対して各 1.5g）、
板、クランプ、
輪ゴム、ビニール袋

1

布の長い辺を 12 等分のびょうぶだたみにする。

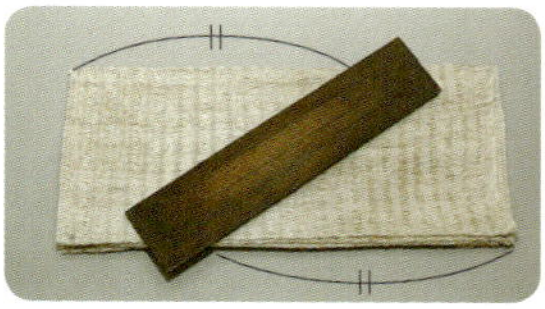

2

2 枚の板で布をはさむ。
ここでは 42×18cm にたたんだ布に
32×7cm の板を当てている。

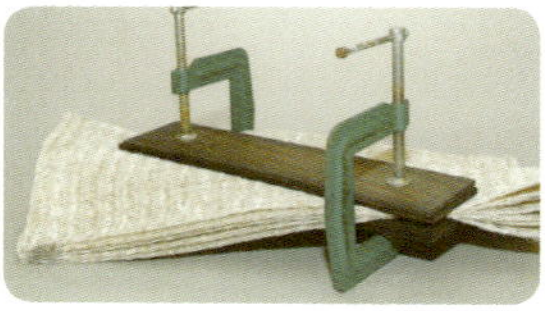

3

クランプで板を締める。

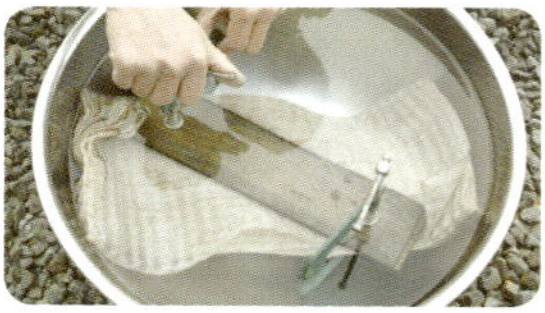

4

水に浸して布を湿らせ、もう一度クランプを締める。

5

10ℓ（被染物の約50倍）の水に大和藍を溶かし、
ソーダ灰とハイドロを加えてよくかき混ぜ、
15～20分おく。

6

布を浸し、一枚一枚めくって中までていねいに染める。
板ぎりぎりまで広げると模様がはっきり出る。

7

布が袋状になっているところは、
箸などで奥まで染液を行き渡らせる。

8

汚れてもいい場所に出して、
染液の中でしたように布を広げ、
隅々まで空気を入れて発色させる。

9

染液につける→発色させる作業を繰り返すが、
2回目からは染液に長くつけないで、
1～3分以内にする。1回目にていねいにしておくと、
2回目からはよく染液が入る。

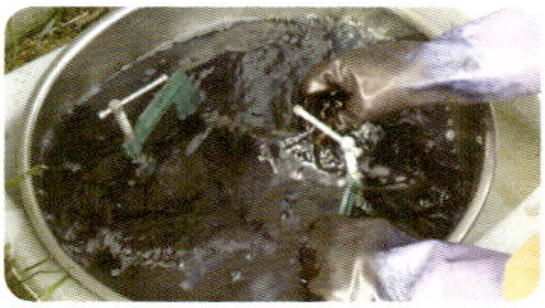

10

クランプをしたまま水洗いする。
余分な染液を洗い流しておくと、
板をはずした後で白い部分が汚れにくい。

11

クランプと板をはずして水洗いする。

12

長い辺を端からたぐる。

13

輪ゴムでとめる。

14

染めたくない部分に染液がかからないように
ビニール袋をかけ、輪ゴムでとめる。

15

ビニール袋をかけない側の¼くらいまで、
布をたぐりながら染める。

16

染めた部分をよく絞る。

17

空気にさらして発色させる。

18

15と同様に、⅓くらいまで染める。

19

よく絞り、空気にさらして発色させる。

20

今度は½くらいまで染めて、
19と同様にして発色させる。

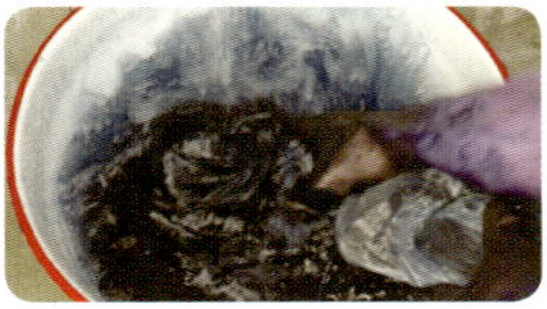

21

段染めした部分だけ水洗いする。
次にビニール袋と輪ゴムをはずして、
布全体を水が透明になるまでゆすぐ。

22

段染めが終わり、完成。
タピストリーに仕立てた写真は
p.5 に。

MEMO

板締め絞りはしっかり絞って染めることができないので、
染液の濃度を濃くしている。
タピストリーを染めた後の染液で、他のものが充分染められる。
その場合は、ソーダ灰、ハイドロを追加し、
染液の色が薄くなるまで染める。
すぐに染めないときは、液面をラップフィルムでおおい、
冷暗所に保存。染める前にソーダ灰、ハイドロを入れる。
他ページの藍液も、液の色を見て濃いようならまだ使える。

柄をつける
・オパール加工、抜染・

オパール加工（p.66）のカフェカーテン。

昔は高度な技術が要求された技法が、便利な薬品が開発され、
素人でも簡単にできるようになりました。
オパール加工は、型紙や筆を使って薬品のりで模様を描くと、
その部分の繊維の一部だけが残り、透し柄ができます。
藍抜染も、好みの図柄を好みの場所に、
簡単に白く抜くことができます。
ちょっとプロフェッショナルに見えるけれど、
実はやさしい柄つけテクニックをご紹介しましょう。

オパール加工

型紙を切り抜いてオパール加工専用の布に当て、オパール加工のりを塗布すると、のりがついた部分に透し柄ができます。お絵かきのような遊び感覚で柄をつけ、カフェカーテンやシャツに利用して。材料は染色材料店で入手できます。

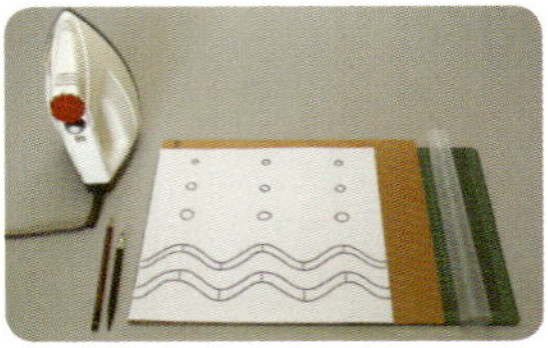

〈型紙を作る〉

材料

洋型紙
（STのりつき10番）1m、
下絵
（適当な紙に油性ペンで描く）、
テトロン紗
（華、荒目。型紙と同じ大きさ）、
クッキングシート、鉛筆、
カッター、カットボード、アイロン

＊洋型紙（STのりつき10番）はアイロン接着タイプの洋型紙。表面に紗張り用ののりがついている。

MEMO
・型紙を切ることは「彫る」と呼ぶ。
・紙に巻きぐせがついていたら、しばらく逆に巻いて平らにしてから使用。

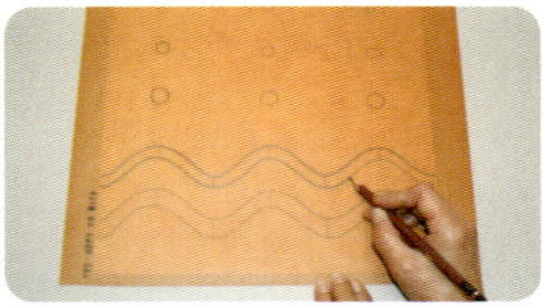

1

下絵を型紙の下に敷き、鉛筆で写す。

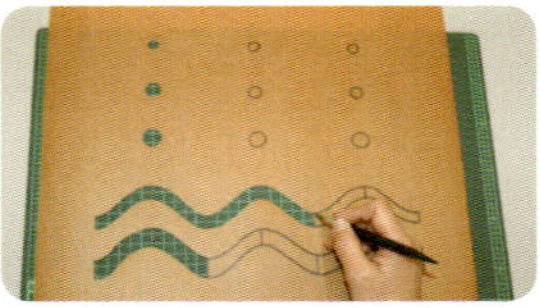

2

カッターで型紙を切り抜く。
のり入れのときに、のりがはみ出しやすいので、図案は端から5cm以上あける。

3

型紙（のり面を上に）、紗、クッキングシートと重ねてアイロンをかけ、低温5秒前後で接着させる。
高温すぎると変形し、低温すぎると紗が型紙につかない。

4

型紙が完成した。

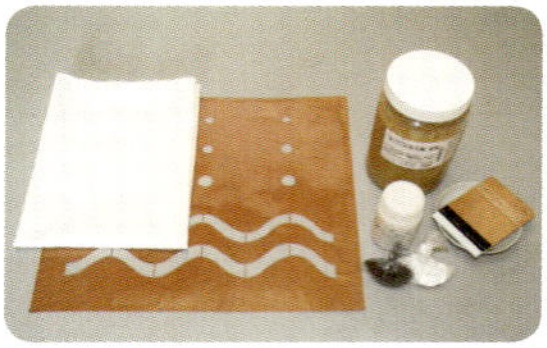

〈オパール加工を施す〉

材 料

オパール加工用布（綿 60%、
ポリエステル 40%。112×50cm）
60g、型紙、
オパール加工のり（型用）30 ～ 50g、
大和藍適宜、
ソーダ灰、ハイドロ各適宜
（染液 1ℓに対して各 1.5g）、
のりべら（駒べら）、新聞紙、アイロン

MEMO

・のりは型用、筆用の 2 種類がある。
・新聞紙は平らなものを使う。布が薄いので、
新聞紙の折り目があるとのり入れがうまくできない。
普段から新聞紙を広げて巻いておくと、
折り目が消えて使いやすい。

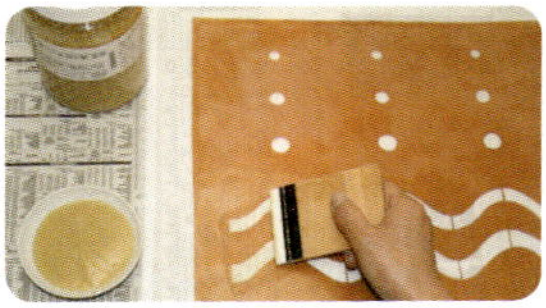

1

新聞紙の上に布を置き、
その上に型紙を置いて、へらでのりを入れる。

2

この作品は、同じ柄を連続して 3 か所に施すので、
布に型紙位置をしるしておく。

3

新聞紙を替えてのりを乾燥させる。

4

布の裏から（または表から当て布を当てて）
高温のドライアイロンをかける。加熱により、
のりの色がクリーム色→黄色→茶色→黒と変化する。
茶色のあたりで加熱をやめる。

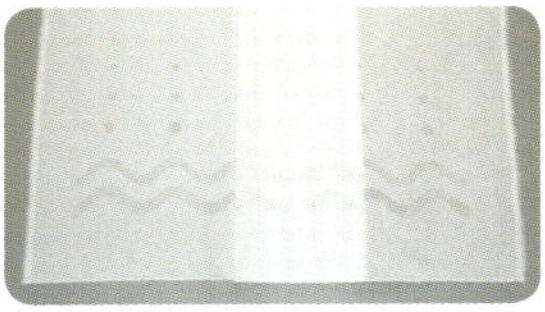

5

流水でよくもみ洗いすると、
のり入れした木綿の部分が取れて
（ポリエステル部分は残る）透けた感じになる。

6

好みの濃さに藍染めをする（p.46 参照）。
ポリエステルだけの部分（透し柄部分）は
藍で染まらない。
上を縫ってカフェカーテンに。

ふりかけ抜染

粉状の藍専用抜染剤で藍染めの布を白く抜きます。
まきろう(ろうを散らして細かい柄を作る)という
方法でしかできなかった柄が、
簡単にきれいにできるようになりました。
絹やウールには適しません。
抜染作業のときは換気をし、
皮膚が弱い方はゴム手袋を使用します。

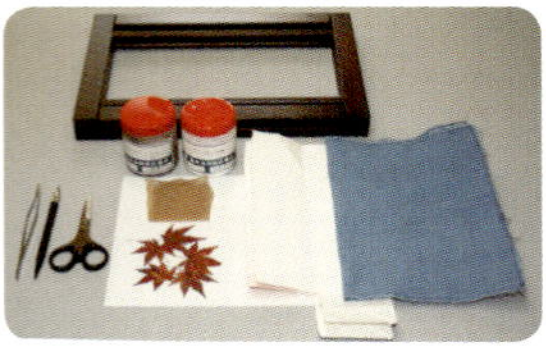

材 料
藍染めの布
(約 37×26cm) 20g を 2 枚、
藍用抜染剤 P-20 適宜、
リダック S-50
(ソーピング剤) 10g、
切り開いた牛乳パック 2 個分、
カエデの葉、
ミニびょうぶの枠
(37×26cm)、
不要になったストッキング
(または茶こし)、
はさみ、カッター、ピンセット

1

藍染めの布は水に浸し、脱水する。

2

ぬれた布の中心に、牛乳パックの中心を
円にくりぬいたものを置き、その中にカエデの葉や、
牛乳パックを桜の花の形に切り抜いたものを配置する。

3

ストッキングに抜染剤の粉を入れて
箸などでたたき、粉を円の中にまく。
粉がついたところが白く抜けるので、
デザインを考えながらまく。20 分放置する。

4

中の型を、上についた粉を落とさないように
注意してピンセットでそっとはずす。

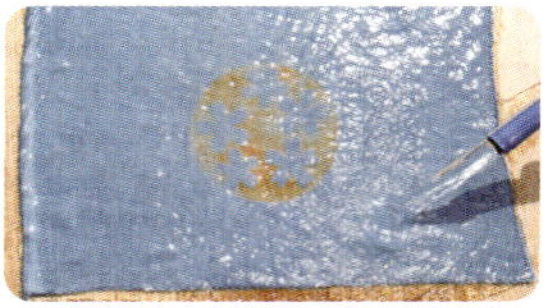

5

流水で余分な粉を洗い流し、脱水する。

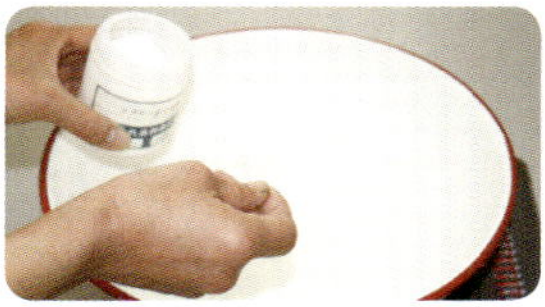

6

リダック S-50 を 2ℓ
（被染物の100倍）の熱湯に入れてよく溶かす。

7

5 を入れて液の中でよく広げて液を浸透させると、
柄が抜けてくる。上はまだ液に浸していないもの。
白く抜けるまで（10 ～ 15 分）80 ～ 90℃を保つ。

8

充分水洗いする。

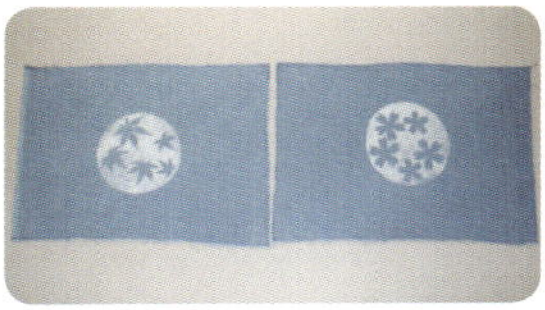

9

抜染終り。
これをびょうぶに仕立てる。

ミニびょうぶに仕立てたもの。

型抜き抜染

藍染めにした布に好みの柄の型紙を当て、
抜染のりを入れて柄を白く抜く方法です。
型紙は渋紙やステンシル用のシートに、
カッターで柄を切り抜いて作ります。

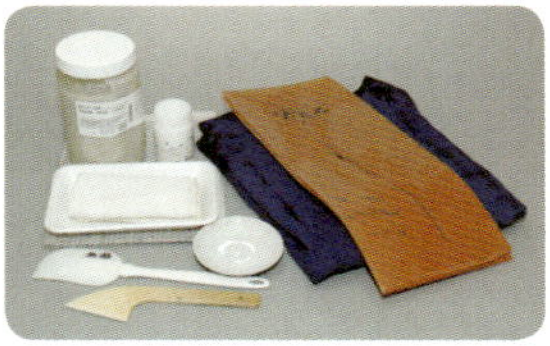

材 料
藍染めのジャケット、型紙、
抜染のり（藍模様用のり
綿白抜き - CW 型用）20g、
ハイドロ 1g、
へら（出羽べら）、ぬれぞうきん、
筆、スポンジなど

1

抜染のりにハイドロを加えてよく混ぜ合わせておく。
ハイドロが酸化すると効果がなくなるので、
使用直前に入れ、
できるだけ早く（30 分以内）使いきる。

2

模様をつける場所に型紙を置き、
布の下には新聞紙を当てる。

3

1 を型紙の上におく。

4

へらで均等にのばす。型紙よりほんの少し
盛り上がるくらいが理想（盛りすぎると形がくずれる）。
作業中に手についたのりはぬれぞうきんでぬぐい、
布につけないように注意する。

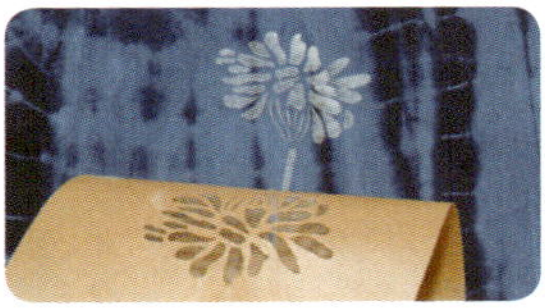

5

静かに型紙をはがす。
のりがうまく入らなかったところは
筆で修正しておく。

6

急ぐ場合は室内に１時間おき、
のち太陽光またはドライヤーで乾かす。
急がない場合はそのまま３時間放置する。

7

斜めにした板の上に置き、
水を流しながらのりをふやかす。
浴室の床などの斜面を利用してもいい。
必ず流水でふやかすこと。

8

スポンジなどでのりをやさしくこすり取る。

9

完成。

MEMO

・へらを持つ角度は45°が理想。
・のりをおくとき、
　同じ場所を何度もすると型紙がずれるので、
　できるだけ少ない回数でのりをおくように。

布や糸以外を染める

「染める」と聞いたら、何を染めると想像されますか？
普通は布がほとんどでしょうが、いろいろなものを染められる
ことを知っていただきたく、ここでは、紙や木、ろう、皮、
合繊などの、布以外のものを天然染料で染めてみました。
紙は、染めによく使われる和紙と、
入手しやすい障子紙を染めました。
昔は障子紙を花や葉の形に切って、障子の破れを繕ったものです。
染めた紙で、障子に花を散らしてみてはいかがでしょうか。
英字新聞を染めてうちわにはるのもおもしろい。
独創的な染める素材を見つけてください。

染めた障子紙（p.76）で作った箸袋（上）とうちわ（右）。

台所にある染料素材で
キャンドルに色づけ（p.80）。

うちわの作り方

新聞紙などの上に染めた紙を
裏を上にして置き、はけで薄くのりを塗る。
その上に下張りしたうちわをのせて新聞紙ごと返す。
新聞紙をはずし、乾いたはけで骨にそって押さえる。
乾燥したら余分な紙を切る。

和紙を染める

柿渋で染める

柿渋の効果で和紙の強度が増し、耐水性も出ます。

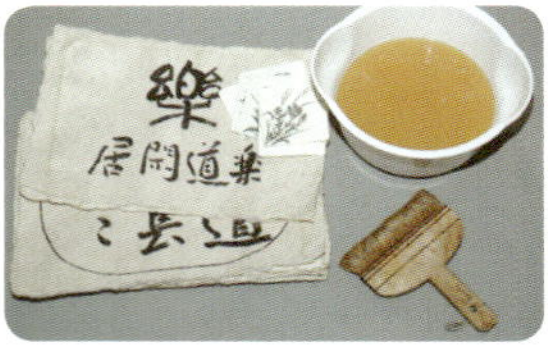

材 料

和紙、柿渋（p.26 参照）各適宜、はけ

写真は３か月後。

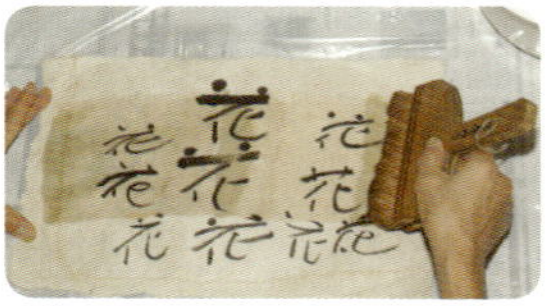

1

ランチョンマットのように
大きめのものは、はけで柿渋を塗る。

2

小さいコースターは柿渋にくぐらす程度に。

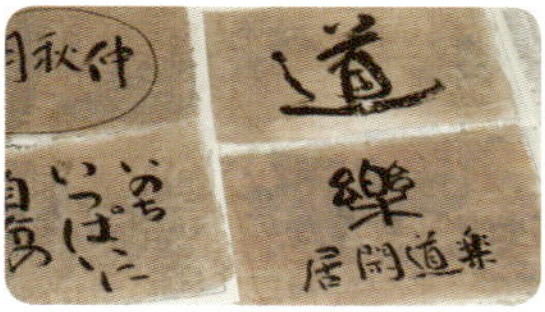

3

そのまま１か月以上放置して発色させる。

大和藍で染める
障子紙を染める

最近の障子紙はレーヨンなども
すき込まれていますが、丈夫できれいに染まります。
空き缶などを利用したむら雲絞りです。

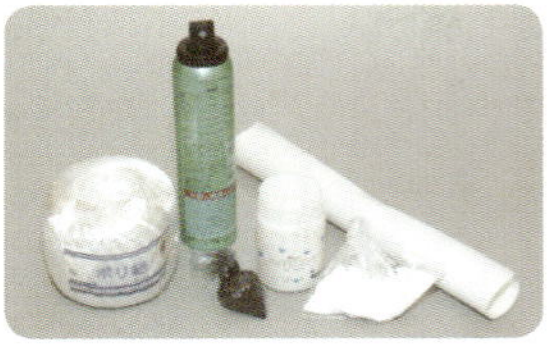

材 料
障子紙適宜、大和藍 5g 弱、
ソーダ灰、ハイドロ各少々、
空き缶など円筒形のもの、
荷造りひも、針、糸

ブックカバーに仕立てたもの。

1

缶に障子紙を巻き、ぴったりと縫い合わせる。

2

障子紙を細かくたぐって縮め、
上下をひもでとめる。

3

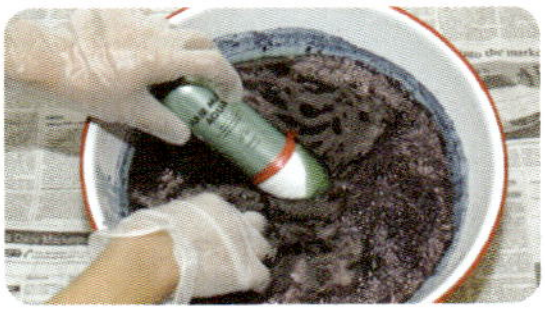

濃いめの藍液 2 〜 3ℓ を作り（p.46 参照）、
障子紙を染める。染めるのは 1 回きり。
空気にさらして発色させる。

4

軽く絞り、水洗いする。
そののち缶から抜いて、
水が透明になるまで水洗いする。

5

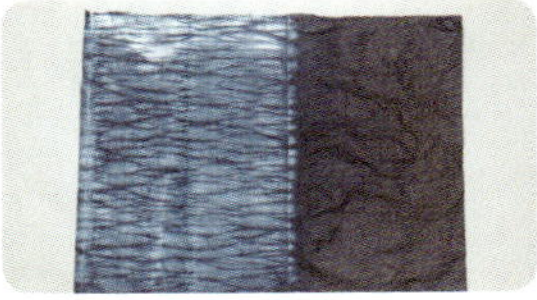

縫い目をとき、広げて乾かして完成。

障子紙を染める

スオウやクチナシで染める

入手しやすい市販の植物染料で、
障子紙をカラフルに染めて、
うちわや箸袋に加工します。

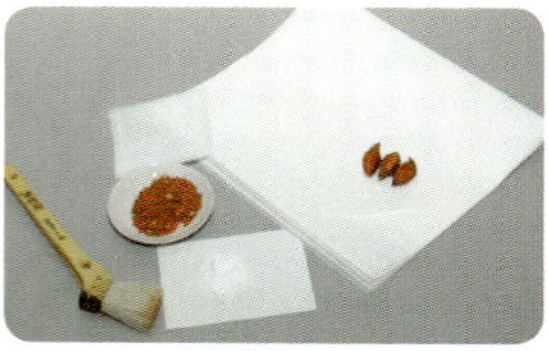

材 料
障子紙（28×94cm）12gを3枚、
スオウ5g、クチナシ5g、
ミョウバン3g、
茶こし袋、はけ、タオル

1

障子紙の長さを半分に切る（上）。二つ折りにし（中）、
さらに3等分にしてびょうぶだたみにする（下）。

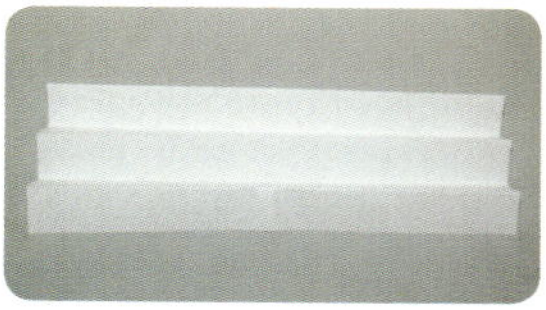

2

びょうぶだたみにしたところ。

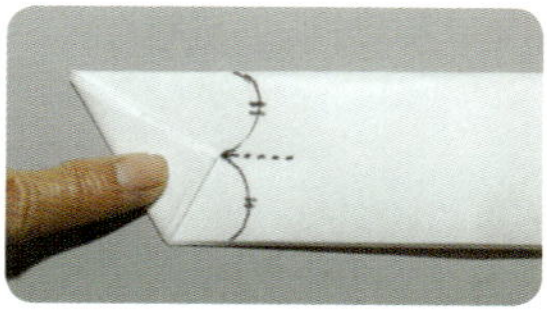

3

写真は正三角形の折り方。
幅を二等分した位置に角を合わせて折り、
その後三角形に折る。

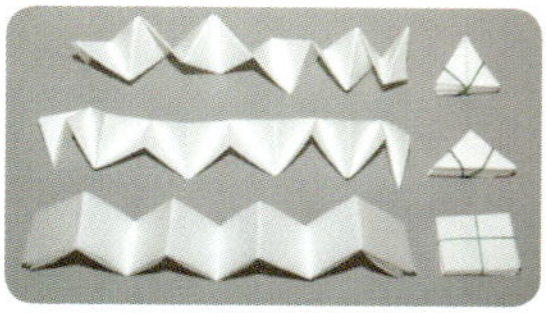

4

上から正三角形、直角二等辺三角形、
四角形に折ったもの。
輪ゴムをかけてとめておく。

5

染料を煮出す。茶こし袋に砕いたクチナシを入れ、
300ml の水に入れて半量になるまで煮出す。
スオウも同様にする。

6

三角形に折った紙の染め方。
角を染液につけて、紙を傾けながら
すべての角を染める。写真はクチナシ。

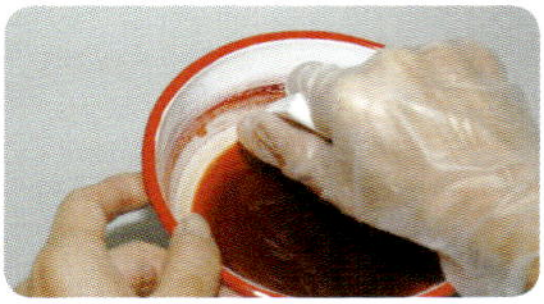

7

四角形に折った紙の染め方。
対角線の下半分を三角形に染める。
写真はスオウ。

8

染めた後は余分な液をタオルでぬぐう。

9

四角形はもう半分をクチナシで染めて、
余分な液をふき取る。

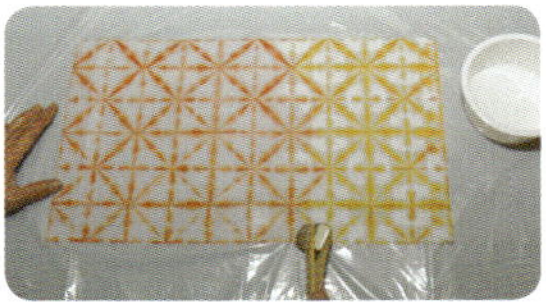

10

ミョウバンを少量の熱湯で溶き、
100ml の水を加えて媒染液を作り、
はけで塗って媒染する。左側は媒染済みの色。

11

左からクチナシとスオウ、
スオウ、クチナシの染上り。

身の回りのさまざまなものに。
写真はティッシュケースと箸袋。

ウッドビーズを染める

アカネやウコンで染める

市販の染料で染めたウッドビーズ。
安全な天然染料を選んで、
子どもと一緒に染めを楽しみましょう。
この染め方で板を染めてコースターにしたり、
空き箱の再利用もできます。

材 料
ウッドビーズ
(未塗装のもの) 60g、
ウコン 7g、アカネ 7g、
ミョウバン 6g、大和藍 3g、
ソーダ灰、ハイドロ各 4.5g、
茶こし袋

ネックレスや携帯ストラップ、ボタンなどに。

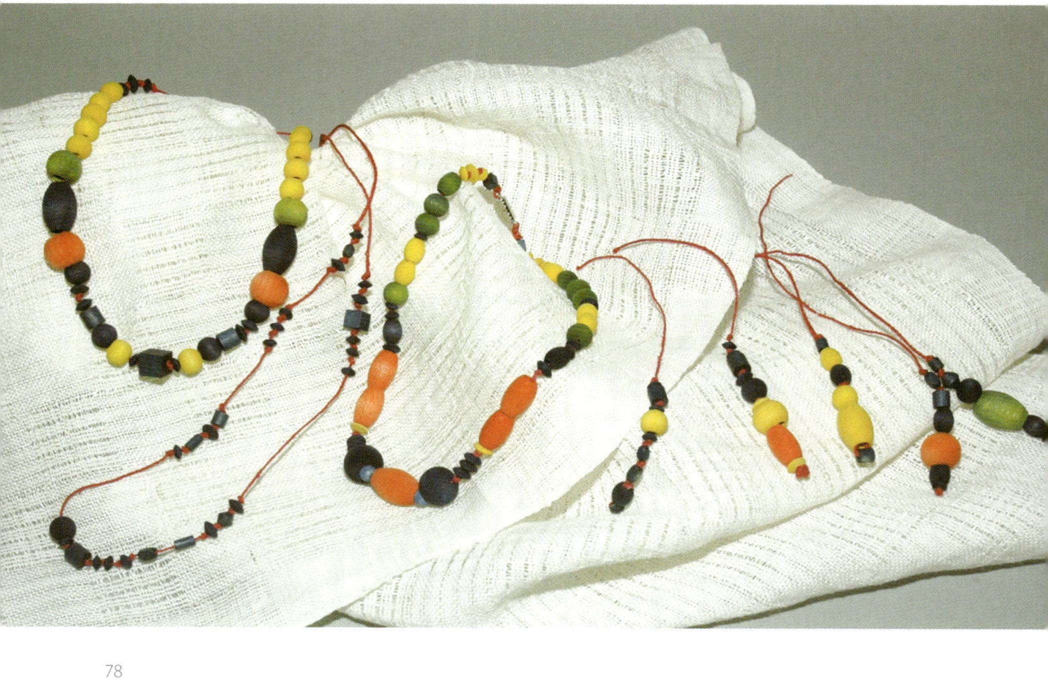

1

中性洗剤を溶かした熱湯の中で、ウッドビーズをよく洗う。
水洗いした後、藍染めにする以外のビーズはすべて
ミョウバン液1～2ℓに30～60分浸し、
そののち軽くゆすぐ。

2

ウコンを茶こし袋に入れて200mlの水に入れて
火にかけ、沸騰後20～30分煮出す。
水が少なくなったら適宜足す。

3

ウッドビーズの約1/3を入れて約20分加熱。
ときどきかき混ぜながら染め、そのまま冷ます。

4

アカネを茶こし袋に入れてウコンと同様に煮出し、
ウッドビーズの約1/3を染める。

5

大和藍に水3ℓとソーダ灰とハイドロを入れて
染液を作り(p.46参照)、
ウッドビーズの約1/3を一晩浸す。
その際、ざるや袋に入れると取り出しやすい。

6

ウコンで染めたウッドビーズの一部を軽く洗って
水気をきり、藍の染液に入れて緑色にする。
染め終わったビーズは、洗濯ネットなどに入れて、
水が透明になるまで水洗いする。

7

かなり濃く染めたつもりでも、乾くと色が薄くなる。
また、木の部分やカットのしかたで濃さが違うが、
それも自然の味でおもしろい。

MEMO

接着剤を使っている箱は、
液に浸すとばらばらになるので、はけで染める。
媒染剤を塗る→乾燥→染料を塗る→乾燥という手順で染める。
さらに染料を塗る→乾燥のプロセスを、
好みの濃さになるまで繰り返し、
最後は、水をつけたはけで表面を洗い、乾燥させる。

ろうを染める

ココアやニンジンで染める

台所にある食品などを染料にした、
やさしい色のキャンドル。
油脂は普通の染料では染まりません。
油脂に溶ける染料を、
台所から探してみてください。
カボチャの皮やパセリ、
カレー粉などでも染まります。

材 料
キャンドル 315g、
抹茶、松煙、ココア各 0.5g、紫根、
ニンジンの皮
（乾燥後粉末にして）、一味、
キクの葉
（乾燥後粉末にして）各 5g、
竹串 7 本、耐熱性のカップ 7 個、
グラス 7 個、茶こし袋

1

ニンジンの皮とキクの葉は電子レンジにかけて
からからに乾燥させる（1 分ごとに返す。ニンジンの
皮 1 本分が約 2g になる）。紫根は細かく刻む。
以上と一味をそれぞれ茶こし袋に入れる。

2

カップ（ここでは市販の茶わん蒸しの空き容器を使った）
1 個にキャンドル 45g を、適当な長さに折って入れる。

3

湯せんにかけ、ろうをとかす。
とけたら芯を竹串などで取り出す。

4

1 をとけたろうに入れる。

5

抹茶、松煙、ココアはそのままろうの中に入れる。
約３分湯せんにする。

6

３で取り出したキャンドルの芯を
グラスの深さに合わせて竹串に巻き、
グラスの中心に配置する。

7

茶こし袋は、ろうが熱いうちに取り出す。
写真は紫根。

8

ろうを少しずつグラスに注ぐ。
グラスが割れないよう、ろうの温度に注意。
材料の粉末が容器の底に沈殿しているので、
上澄みを注ぐ。

9

冷めるまで静かにおく。
冷めると中心部が低くなるので、
ろうの１割を残しておき、
固まってから注ぐと平らになる。

10

後列左からキクの葉、ココア、一味。
前列左から松煙、ニンジン、紫根、抹茶。

11

ろうが固まったら、芯を適当な長さで切って完成。

MEMO
不純物が多いと不完全燃焼してすすが出やすくなる。
欲張って濃い色にしないように注意。

皮を染める
スオウや黄金花で染める

ブタの生皮を染めてランプシェードに。
乾燥するとガラスのような透明感が出、
軽くてこわれにくく、ガラスよりも扱いやすい。
皮はレザークラフトの店や
染料専門店で購入できます。

〈ブタの皮を精練する〉
材 料
ブタの皮 300g に対して
中性洗剤 6 〜 9㎖

1

30 〜 40℃のぬるま湯 8ℓ に
中性洗剤を入れてよく混ぜる。

2

皮を入れて 10 分浸したのち、やさしくなでて洗う。

3

2、3 回水を替えてゆすぐ。
すぐ染めない場合はよく乾燥させ、
空気にふれないように袋などに入れて保存。

〈ブタの皮を段染めする〉

材 料

精練したブタの皮 300g、スオウ 6g（皮の2%）、
黄金花（市販の染料。シソ科植物の根）30g（皮の10%）、
ミョウバン 20g、大和藍 5g、
ソーダ灰、ハイドロ各 12 ～ 15g
（染液1ℓに対して各 1.5g）
酢 20ml、茶こし袋、はけ

1

スオウを茶こし袋に入れ、
水 500ml（スオウの約 80 倍）を加えて
250ml になるまで煮出す。煮出した液は別容器にとりおき、
再び 500ml の水を加えて 250ml になるまで煮出す。

2

黄金花も茶こし袋に入れて
スオウと同様に 2 回煮出す。

3

茶こし袋を取り出し、1、2 で煮出した液を
それぞれ合わせ、500ml が100ml になるまで
煮つめて冷ます（濃い染液にするため）。

4

皮を 30 ～ 40℃のぬるま湯に 5 ～ 10 分浸す。

5

大和藍を 8 ～ 10ℓ の水に入れ、
ソーダ灰、ハイドロも入れてよく混ぜ、
15 ～ 20 分おく。革の¼～⅓を 1 ～ 2 分浸す。

6

別の容器に水を用意しておき、
5の皮を入れて水中で酸化（発色）させる。

7

藍液に浸す部分を少しずつ少なくして段染めにする。
染める都度、水中酸化を繰り返す。

8

上下を変え、もう一方の端も段染めにする。
最後は水が透明になるまで水洗いする。

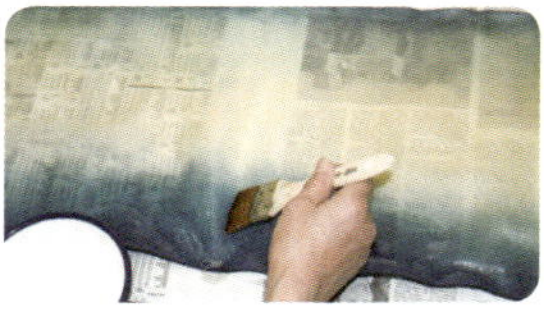

9

皮はアルカリに弱いので、藍で染めた後は
酢に同量の水を加えたものを、
染めた部分に両面から塗布する。
2回ほどゆすいで乾燥させる（生乾きでもいい）。

10

ミョウバンを熱湯200mlで溶かし、冷ましておく。

11

皮の両面にミョウバン液を塗布する。
30～60分そのままおき、のち2回ほど水でゆすぐ。

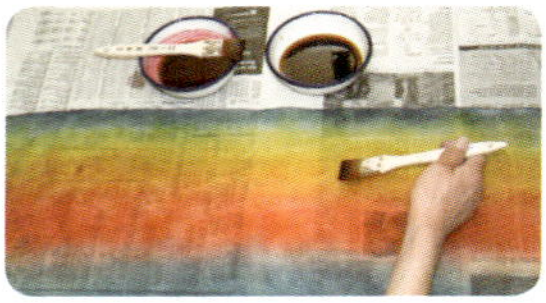

12

3のスオウ液を塗布し、のち黄金花液を塗布する。
互いに重なり合うように塗布すると色に深みが出る。

MEMO

・熱を与えると生皮が収縮するので、
精練、染め、媒染、すべて熱湯は避ける。
・皮は、湿らせた状態で形作る。
乾燥しすぎてかたくなりすぎた場合は
湿らせるといい。何度でもやり直しがきく。
・湿らせた状態の皮は
傷つきやすいのでやさしく扱う。
・ランプシェードとして使うときは、
白熱灯は熱くなるので
あまり近づけないように注意する。

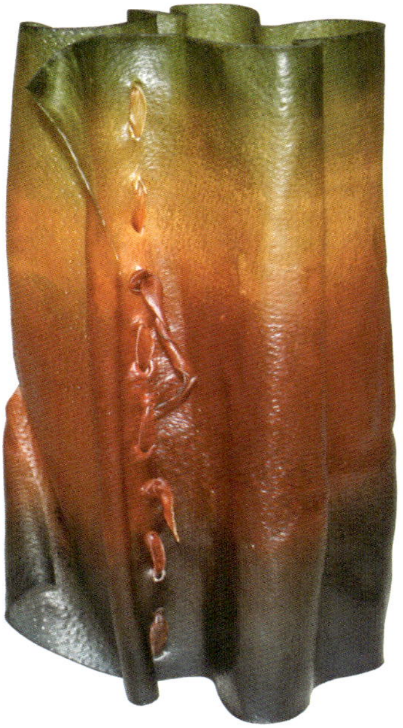

13

写真は染めてから一部を切ってをひもを作り、
生乾きのときに穴をあけ、
縫い合わせたランプシェード。
作品は塗っていないが、形くずれ防止と汚れ防止を兼ねて、
完全に乾いたら、天気のいい日に透明ニスを塗るといい。

合繊を染める

コチニールなどで

合繊は天然染料で染めにくいとされていますが、
レーヨンやナイロン、
ビニロンなどは染まります。
コチニールで手順を説明していますので、
それ以外は他ページの染め方を参照してください。

材 料
合繊ハイソックス 3 足分 35g、
ミョウバン 3g
（被染物の約 8%）、
コチニール 2g
（被染物の約 5%）、
茶こし袋

1

コチニールを茶こし袋に入れて
3 ～ 4 回各 20 ～ 30 分煮出し、
約 1 ℓ（被染物の 20 ～ 30 倍）の染液を作る。

2

ミョウバンを少量の熱湯で溶かし、
1 ℓ の水を加えて媒染液を作る。

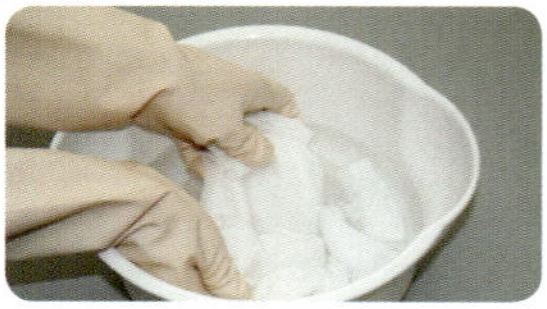

3

ハイソックスは水に充分浸し、
脱水して 2 に入れ、20 ～ 30 分媒染する。
のち軽くゆすいで脱水。

4

1 を火にかけ、ハイソックスを入れて
加熱しながら 30 ～ 60 分染める。
あまり高温にならないように注意。

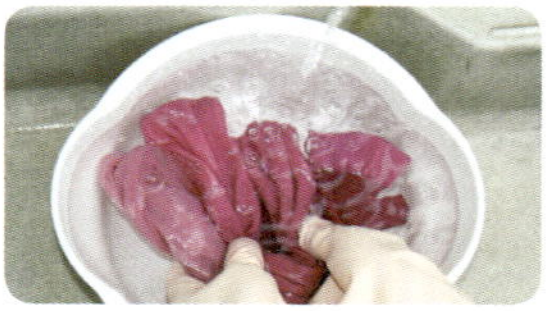

5

水が透明になるまでゆすいで乾燥させる。

POINT
4 で食酢をソックスの重さの
1 ～ 2%加えると色が濃くなる。

同じ染料でも素材により少し染めつきが違う。

左（長）　ナイロン46%、レーヨン46%、ポリウレタン8%
中（中）　ナイロン100%
右（短）　ナイロン75%、ポリウレタン25%

大和藍で
染めたもの

ウコン
（被染物の10%）

コチニール
（被染物の5%）

大和藍
＋コチニール

大和藍＋ウコン

コチニール
＋ウコン

ちょこっとうんちく・こんな染め方も

奈良時代に行なわれていたすり染めという染色法。
山地に自生するヤマアイの葉をすりつぶし、
布（絹）に直接すりつけたと考えられています。
褪色しやすく、実用的ではありませんが、
遊びでやるのもおもしろい。

1 ヤマアイの葉はすり鉢で細かくする。

2 茶こし袋に１を入れ、好みの柄を描く。水洗いはしない。

3 無地染めは１の中で布をもむようにして染める。布についた葉ははたき落とし、水洗いはしない。

4 耐光堅牢度は弱く、実用的ではない。インディゴを含まないので緑色のままだ。

タデアイ（タデ科）
日本で藍染めに利用されているタデアイ。温暖な地域で栽培される。

ヤマアイ（トウダイグサ科）
〝藍〟という名前がついているが、藍色を染める成分はない。

まとめてMEMO

染め方説明の補足のつもりでまとめました。
知らなくてもいいけれど、知っていると
もっと染めのことがわかり、応用もしやすくなります。

■ 染まりやすい繊維、染まりにくい繊維

化学繊維も染まる

p.86で合繊の靴下を染めていますが、一般的に、天然染料は化学繊維に染まりにくいといわれています。レーヨン、ナイロン、ビニロンは染まり、ポリエステルはほとんど染まりません。

白い木綿のブラウスを染めてみたら、ミシン目だけが白く残った、という経験はないでしょうか。それはミシン糸はポリエステル糸であることが多いからです。

木綿を濃く染めるには

染めやすく入手しやすい木綿は、実は濃く染めにくい素材です。藍染め以外を簡単に濃く染めたい場合は、染める前にディスポンなどの濃染処理剤に浸します。藍、タマネギの皮、マリーゴールドの花、クリの鬼皮やいがなどは、処理をしなくても木綿を濃く染めることができる天然染料です。

絹は染めやすい繊維

絹はほとんどの染料でよく染まります。低温でも染まるため、高温で色が変化する赤、紫系の天然染料を染めることができます。ベニバナ、紫根などがそうです。たんすの中にしまい込んだままの半襟や白い下着などがあったら染めてみましょう。

ウールの染色

ウールも絹と同じく動物系の繊維ですが、高温でないと染まりにくいため、低温でしか染まらないベニバナの赤や紫根の紫染めはきれいに染めることはできません。一方、絹には染まらず、ウールに染まる植物染料もあります。ウールは温度差でもフェルト化しやすいので、取扱いに注意してください。フェルト化を防ぐためには、気温が高い夏に染めるといいでしょう。

ウールの染色については、寺村祐子氏の著書『ウールの植物染色』『続・ウールの植物染色』『植物染料による絞り染め』(文化出版局)が詳しいので、そちらを参照してください。

藍を絹やウールに染めるときは、液の温度を50～55℃に上げるとよく染まります。

よりの強さ

一本一本の糸のよりがゆるく、織りも緻密でない布のほうが、染液がよく行き渡り、染めやすいものです。ただし、ウール糸はよりの強いもののほうがフェルト化しにくいようです。用途によって、よりの強さを選んでください。

原毛をフェルトにして作ったバッグ。コチニールや大和藍で染めたフェルトの花をつけた。原毛も毛糸やウール地と同じ染め方で。

オリーブ染めは、アルパカとラムの混合糸を主に使用。染色材料店では、精練済みや防縮加工した毛糸を販売しているので便利。

■ 染める前に精練する

精練とは

染める前に、素材を精練する必要があります。精練とは、被染物の油脂や不純物、のりなどを取り去ることです。

採取したばかりの綿花や羊毛は自然のろう分や油脂分を保持していますが、私たちの手に届くころは、たいていそれらは取り除かれています。ただ、布や糸に加工されたのちにさまざまな加工が施されていることが多く、そのままでは染めつきが悪かったり、むらが出たりします（染色材料店では精練済みのものも扱っています）。

精練の方法

● 麻の場合

生平などのかたい布は、折れたときにむらができますので、苛性ソーダで精練します（やわらかい麻は木綿と同じ方法で）。

布が充分つかる量の水に、布の重さの2～3%の苛性ソーダを入れます（苛性ソーダは劇薬です。必ず大人が扱ってください）。逆の順番で苛性ソーダ→水の順番で入れるとやけどする場合がありますので、順番は守ってください。布を入れて火にかけ、沸騰後30～60分ほど加熱して冷めるまでおき、のち充分水洗いします。

手間はかかりますが、苛性ソーダでなく、せっけんで精練することもできます。洗濯せっけんを湯に溶かして同じように加熱します。湯が濁らなくなるまで何回か湯を替え、せっけんを入れて加熱を繰り返し、のち充分水洗いします。

● 木綿の場合

洗濯機で（せっけんを入れて）洗う→すすぐ。これを布の状態に応じて何回か繰り返します。のりのきいた布は、洗う前にぬるま湯に半日ほどつけてのり抜きします。麻のように煮てもけっこうです。しっかりゆすぎ、せっけんのアルカリ分を除いておきます。

● 絹、ウールの場合

40～60℃の湯に被染物の重さの2～3%の中性洗剤を溶かして被染物を入れ、30℃くらいに冷めるまでそのまま。途中1～2回、上下を変えます。冷めたら押し洗いをし、脱水。のち2回ほど静かに水洗いして脱水します（下のプロセス参照）。洗濯機で脱水する場合は、タオルなどに包んで、時間は5秒程度。

どの繊維も、特に必要でないかぎり、精練後にアイロンはかけません。アイロンやアイロン台になにか付着しているかもしれませんし、熱で不純物が凝固し、染めむらの原因になることも考えられますから。

絹、ウールの精練
写真は原毛ですが、絹地や絹糸、ウール地や毛糸もやり方は同じです。

材料 被染物、中性洗剤

1 40～60℃の湯に被染物の重さの2～3%の中性洗剤を溶かして被染物を入れ、途中1～2回上下を変えながら30℃まで冷ます。冷めたら押し洗いをして脱水。

2 2回ほど静かに水洗いして脱水したのち、染めに入る。

■ 染色の実際

布に対する染料の量

染料の量により、染まる色の濃度が変わります。定量で示すのは難しいのですが、被染物の重さに対して、採取して間もない植物なら100～500%、乾燥したものなら30～100%、市販のエキスなら20～50%くらい必要です。

濃く染めたい場合も、一度に染めるのではなく、何度も染め重ねたほうが、しっかりときれいに染まります。一度にたくさんの染料植物が手に入らなくても、何度も染め重ねればいいのです。ただしウールは取扱いに注意が必要なので、回数は少なくします。

色素を抽出する

採取した枝や葉、根は、多くの場合煮出して色素を抽出します。煮る時間が短いと色素が充分出ませんし、長すぎると色が濁ることがあります。できるだけ細かく切ってから煮出しますが、ナイフやはさみはステンレス製を使います。刃物から出た鉄分で色がくすむのを防ぐためです。

ソヨゴやクズなどの赤や緑を抽出する場合は、最初の煮出し液には植物のあくが含まれているため、一度ゆでこぼします。あく取りのためだけでしたら、最初に煮出す時間は5～10分くらいにしてその液は捨て、2度目からの液を染色に使います。

チップ状のものは、茶こし袋に入れて煮出すと、あとの処理が楽です。作業中はやけどをしないよう、くれぐれも気をつけてください。軍手をして、その上から炊事用手袋をすると万全です。

色素抽出は、煮出すほかに、水に浸すだけ、アルカリ、酸、アルコールなどの薬品を使う、発酵させるなどの方法が、染料と色によってとられます。

抽出は水から

ほとんどの植物は水から煮出し、沸騰後20

紫根染めの絹スカーフ。紫根は70℃以下で染めないと色素が濁ってくるので、温度に注意する。

ビワの葉はミョウバン媒染でやわらかい赤が染まる。

〜30分加熱します。チップになっていないものやかたい材などは1〜2時間煮出す場合もありますが、できるだけ細かくしてから煮出すようにしましょう。加熱時間が長いと色が濁ってきますから、濁らないうちにタイミングを見計らって火を止めます。

染液の量

被染物の20〜30倍を目安にします。

20倍は被染物が充分つかるほどの量。

30倍は被染物が液の中で泳ぐほどの量です。

染液は多いほうがいいのですが、家庭には大きい鍋がないことも多いでしょう。液の中で被染物が動くゆとりがないとむらになりますので注意してください。

被染物を動かしながら加熱を

被染物を液に入れたら、最初の3〜5分はよく広げ、揺り動かします。その後もなるべく広げ、動かしながら染めるようにしてむらを防ぎます。染液の温度が上昇しているときと高温のとき、被染物は色素を盛んに吸収するので、気を抜かないようにしましょう。万一むらになったら、もう修正はできませんから、上から絞りで柄をつけて目立たないようにするか、むらを生かしたものに再生してください。

染液の温度

高温で染めると、低温よりは色濃く染まります。一般的には80℃（鍋の回りがふつふつする程度）を保ちます。しかし、染料によっては高温で色が変化するものがあります。

また、藍やベニバナの赤、紫根の紫色の染めは低温で行ないます（60℃以下）。ろうけつ染めも、ろうがとけるため、低温で染めないといけません。

染料によって適正温度が違いますから、体験しながら学んでください。

媒染剤

媒染とは、金属成分と染料成分を結合させ、色素の定着と発色をよくすることです。自然界の色をもらって染める植物染色は、そのままでは染めつきが悪かったり褪色しやすいものが多いので、金属の力を借りるのです。アルミ媒染（ミョウバン媒染）、鉄媒染、銅媒染などがあります。大島紬の泥染めは泥の中の鉄分を利用する自然の媒染です。銅媒染は、金属成分が人体に影響を与えますから、なるべく少量使うようにし、台所に排水を流しません。鍋も決して調理用と一緒にしないように。

媒染剤の量

●ミョウバン

濃く染めたい場合は被染物の8〜10％。

淡く染める場合は被染物の2〜5％。

●木酢酸鉄

濃く染めたい場合は被染物の40％。

淡く染める場合は被染物の8〜20％。

商品により濃度が違うので、説明書をよく読んでください。

●酢酸銅

濃く染めたい場合は被染物の3〜5％。

淡く染める場合は被染物の2〜3％。

上記を目安にし、必要以上に使わないようにします。

媒染液の量

染液と同様、被染物の20〜30倍を目安に。

媒染液の温度

多くの媒染剤は水では溶けにくいので、少量の熱湯で溶かしたのち、水または湯を加えます。綿、麻、絹などは常温でもかまいませんが、ウールは媒染液も温度を上げないと濃く染まりません。

先媒染、中媒染、後媒染

媒染するタイミングにより、先媒染、中媒染、後媒染とあります（中媒染は染めて→媒染→残液に戻すことをいいます）。

通常ミョウバン媒染は先媒染、鉄や銅媒染は後媒染がよく染まるとされています。ただし、私の経験では、染まるものはどの方法でもよく染まるので、順番を間違えたからと悲観することはありません。

途中で媒染剤を何種類でも何回でも使用可能ですが、どの順番にしろ、最後は染液（残液）で終わってください。

また、同浴《どうよく》といって、染液に直接媒染剤を入れて、一つのボウルで一度に染める方法もあります。これは、媒染の順番を考えなくてもすむ簡便な方法で、染液に媒染剤を入れたら、すぐに染めます。染める時間が短縮できて簡単ではありますが、染めと媒染を分けた場合に比べ、濃く染まりません。

絞り

ひもで絞る方法は特に説明は不要かと思います。ここでは糸で縫って絞るさいの注意点を。

・絞る糸は専用の木綿糸を使いますが、普通の太い木綿糸でもかまいません。通常は2本どりで縫います。

・四角形などの角がある柄は、角をくっきり出すために必ず角に針を入れます。

・絞った部分が直線になればしっかり絞れています。直線でない場合はまだ締め方が足りないので、しっかり締め直してください。しっかり絞らないと柄がぼやけます。

染めた後の注意

藍染めはあく抜きを充分に

藍染めをした布を折りたたんでそのままにしておくと、折り山が白くなることがあります。そうなってしまうと、染め直しか、それを生かした柄づけを考えるしかなくなります。そうならないために、染色後は充分あく抜きをします。乾燥→水に浸す、を10回、1か月くらいかけてするのです。水に浸すと黄色のあくが出てきます。水に浸してあくが出てこなくなれば、あく抜きはほぼできています。

あく抜きが不十分なものは、折りたたむのではなく、巻いて新聞紙などに包んで保管します。

染めた布の洗濯は手洗いで

水に何度もくぐらせた布は、ウール以外は縮まないはずですから、汚れたら手洗いをしましょう。絹なら中性洗剤で押し洗いをし、水洗いして脱水後すぐにアイロンをかけると、きれいに仕上がり、外に干さなくてすみます。

かびに注意

植物染色をしたものは、かびが発生することがあります。ときどき取り出して眺めるなどし、かびさせないようにします。

汗に注意

染めたストールを首に巻いて外出し、帰宅してみると、汗がついた部分が変色していることがあります。できるだけ早く中性洗剤で洗いましょう。その日のうちに洗えば、元に戻ります。

酸に注意

鉄媒染で染めた衣類に柑橘類の汁や酢がつくと、その部分が白っぽく変色してしまいます。変色は元に戻りませんから、酸をつけないように注意しましょう。

あとがき

大学生のときに染めに出会ってから、今まで続けてこられたのは、「好き」というのが最大の要因だと思っています。30年以上染めをしてきて思ったのは、「人間は自然の一部である」という、考えてみればあたりまえのことでした。
たとえばヨモギ。春の若芽で染めると、淡いながら透明感のある青磁色に染まります（幼児期）。夏から秋にかけて花が咲きますが、開花直前のころ染めた色は、いちばん濃く、充実した感じです（青年期）。秋に染めるとややアンバーがかったような、さびた色になります（中、老年期）。人間も20歳前後が、肉体的にいちばん充実しています。植物も人間も、その時季なりのいい色を出しているのです。
一般的に、染色には開花直前の植物を採取するといいといわれています。しかし私は、「いつでもいいから染めてみてください」と言いたいのです。
「染めよう」と思ったときがいちばんいい時季。普通は染めない時季や染めない素材でも、チャレンジすることで思わぬ発見があるかもしれません。
「私にもできそう」「やってみよう」と思っていただきたく、この本では、できるだけ簡単な技法を取り上げました。失敗を恐れずにやってみてください。失敗から学ぶこともたくさんあるのです。
私は〝失敗を恐れないで楽しく、もっと楽しく〟をモットーにやってきました。なんでも楽しんでやるというのが、長続きのなによりの秘訣でしょう。皆さまが布地が染まるまでの過程で、たくさんの楽しみを見つけられたら幸いです。
最後に、私にとって本の出版は夢の一つでした。幸運な方との出会いと、多くの方の愛があってここまできました。ほんとうにありがとうございます。

松本道子

協力スタッフ　北島洋子、武藤裕子

柿渋染めの文字　松井鈴子

ニット作品製作　奥田伸子

バッグ製作　梶谷三知子

染色材料入手先
どの店もほとんどのものを
置いていますが、私が主に
購入しているものを書きます。

■藍熊染料
大和藍、ソーダ灰、
ハイドロ（ハイドロサルファイト）、
天然染料、ろう、ふりかけ抜染材料、
ステンレスボウル、タンクなど。
〒111-0034
東京都台東区雷門1-5-1
電話 03-3841-5760

■誠和
染色用皮革、染色用布帛、縫製品、
濃染剤（ディスポン）、ろう筆など。
〒161-0033
東京都新宿区下落合1-1-1
電話 03-3364-2111

■田中直染料店
オパール加工のり、藍模様のり、
ソーピングワックス、
洋型紙（のりつき）、ミニびょうぶの枠、
媒染剤、へら、布帛、天然染料など。
〒600-8427
京都市下京区松原通烏丸西入
玉津島町312
電話 075-351-0667
[東京店]
〒150-0011
東京都渋谷区東1-26-30 宝ビル3F
電話 03-3400-4894

■糸新商店
ウール、木綿、麻などの染色用糸。
〒491-0043
愛知県一宮市真清田2-3-8
電話 0586-72-7002

染色材料協力
■日本オリーブ
〒701-4394
岡山県瀬戸内市牛窓町牛窓3911-10
電話 0869-34-9117

松本道子 まつもと・みちこ

岡山大学教育学部卒業。

50歳から岡山大学大学院に入学し、卒業。

現在は公民館などで染色講座を開設し、

主に地域の植物を使った、親しみの持てる染色を教えている。

ブックデザイン＆イラスト——鈴木道子（DROP）

作品撮影——天方晴子

プロセス撮影——森 勝正ほか数名

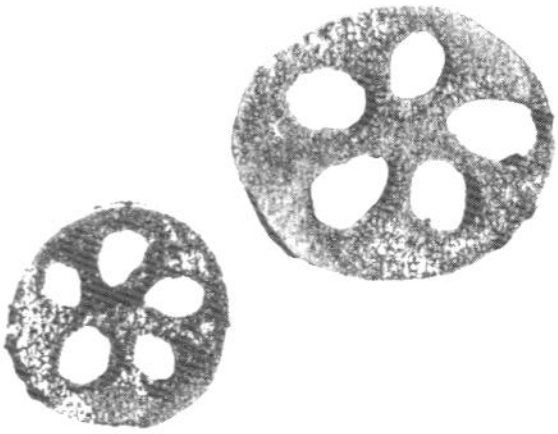

楽しんで、ナチュラル染色

2006年10月8日 第1刷発行

2016年12月12日 第4刷発行

著　　者　松本道子

発 行 者　大沼 淳

発 行 所　学校法人文化学園 文化出版局

〒151-8524 東京都渋谷区代々木3-22-1

電話 03-3299-2437（編集） 03-3299-2540（営業）

印 刷 所　大日本印刷株式会社

製 本 所　小高製本工業株式会社

文化出版局のホームページ http://books.bunka.ac.jp/